METRO

走近轨道交通科普系列丛书

你不知道的地铁运营

张中杰 主编
陈锦剑 朱观华 副主编

同济大学出版社 · 上海

图书在版编目（CIP）数据

你不知道的地铁运营 / 张中杰主编. — 上海：同济大学出版社，2022.7
（走近轨道交通科普系列丛书）
ISBN 978-7-5765-0356-2

Ⅰ. ①你…　Ⅱ. ①张…　Ⅲ. ①地下铁道－运营管理－青少年读物　Ⅳ. ①U231-49

中国版本图书馆 CIP 数据核字（2022）第 155071 号

走近轨道交通科普系列丛书

你不知道的地铁运营

张中杰　主编

陈锦剑　朱观华　副主编

策划编辑　陆克丽霞　　**责任编辑**　姚烨铭
责任校对　徐春莲　　**装帧设计**　潘向蓁　王　翔

出版发行　同济大学出版社　www.tongjipress.com.cn
（地址：上海市四平路 1239 号　邮编：200092　电话：021-65985622）
经　　销　全国各地新华书店
印　　刷　上海安枫印务有限公司
开　　本　710mm × 1000mm　1/16
印　　张　10.25
字　　数　205 000
版　　次　2022 年 7 月第 1 版
印　　次　2024 年 12 月第 2 次印刷
书　　号　ISBN 978-7-5765-0356-2

定　　价　58.00 元

走近轨道交通科普系列丛书编委会

主　　编：张中杰

副 主 编：陈锦剑　朱观华

编委会成员：王浩然　陈　希　姚　幸　沈继强
刘苗苗　金建飞　郭伟华　王君如
李明广　吕培林　邵雪莹　廖晨聪
吴　航　张栩衡　陈　晨　秦　舒
张劲松　刘士煜　龚珍妮　吕圣华
全英格尔　严　妍

总 序

城市轨道交通作为一种绿色低碳的城市交通系统，是目前解决我国城市交通问题和大气污染问题的最佳方式。早在20世纪90年代末，国内就已掀起了城市轨道交通建设的热潮，并且范围越来越广。随着城市轨道交通建设如火如荼地进行，城市轨道交通科技也在蓬勃发展。土建、车辆、供电、通信、信号、综合监控、机电设备及消防系统等与城市轨道交通相关专业的技术成果丰硕。城市轨道交通成为支撑、引领经济快速发展和推动社会进步的新引擎。因此，推动轨道交通领域的科技进步与创新、促进先进技术的更新与应用、提高群体科学素养就显得尤为重要。

“走近轨道交通科普系列丛书”正是从广大市民的角度出发，围绕大家关心的问题，以“一问一答”的形式，深入浅出地介绍城市轨道交通科学知识及安全出行要点。本套丛书语言通俗易懂、叙述生动有趣，地铁源于“查尔斯·皮尔逊与老鼠的一次历史性的‘会面’”“地铁车辆每节车厢下面都‘别有洞天’”“你可以想象列车凭借一根钢轨悬挂在半空中”……这些阐述均来自本套丛书，相信一定能够激发读者对轨道交通的浓厚兴趣，为他们打开一扇了解轨道交通的窗口。

本套丛书的编者中有活跃在轨道交通设计研究工作第一线的青年科技骨干，也有活跃在教育领域第一线的青年教师。他们在总结实践经验的基础上，碰撞思维、跨界交流、精心甄选，为读者描绘出一幅幅轨道交通的知识画卷，带领大家感受轨道交通前沿科技的魅力。同时，本套丛书还有助于拉近读者与轨道交通专业工作者之间的距离，让读者能够理解城市轨道交通建设中必不可少的“阵痛”，学习轨道交通突发事件的正确应对方式，从而更好地融入新时代城市数字化转型的进程，进一步认可、接受并选择绿色低碳出行，助力国家实现“双碳”目标。

全国勘察设计大师

2021 年 12 月

丛书前言

城市轨道交通是人们出行的重要交通工具。相比于城市道路和桥梁，轨道交通是一个较新的领域，因此不易被青少年及广大市民所了解。在日常搭乘轨道交通的过程中，有时人们会像历史学家，关心地铁发明者是谁、地铁的出生地在哪；有时人们像设计师，关心地铁是如何穿越江河、如何“掉头”的；有时人们又像文化学者，关心地铁线路颜色背后的故事、有轨电车的艺术长廊……

于是，城市轨道交通仿佛变成了一个个问号：这是什么？那是什么？为什么会这样？为什么会那样？……怎样才能方便又贴心地满足大家无穷无尽的好奇心和求知欲呢？“走近轨道交通科普系列丛书”就是一个不错的选择，可以帮助大家解决不少的疑问。

本套丛书共十册，分别为《你不知道的地铁历史》《你不知道的地铁设计》《你不知道的地铁建设》《你不知道的地铁运营》《你不知道的地铁文化》《你不知道的轨道交通》《走近有轨电车——趣谈篇》《走近有轨电车——设计篇》《走近有轨电车——建造篇》《走近有轨电车——运营篇》。本套丛书以地铁、有轨电车及其他轨道交通为主题进行编排，从历史、设计、建造、运营、文化等角度进行阐述，内容丰富、涉及面广，语言简洁易懂、生动有趣，不仅可以最大限度地满足读者对轨道交通知识的需求，而且还能让读者充分理解城市轨道交通建设的艰辛与不易。

本套丛书融入了编者们在这一领域多年的积累，所包含的条目都经过编者们的精心挑选和甄别，向广大读者描绘了近 200 年城市轨道交通的绿色发展历程。希望借此能加深读者对我国“碳达峰与碳中和”目标的理解，引导绿色低碳出行。同时，本套丛书还展现了当今城市轨道交通涉及的各种前沿技术，让读者能深刻地感受到数字化带来的科技与便利，赋能数字化实践，助力城市数字化转型。

本套丛书得到了上海市科学技术委员会科普专项项目资助，也得到了上海市城市建设设计研究总院（集团）有限公司、上海中学、上海交通大学、同济大学出版社、中铁五局集团有限公司等单位的支持，在此表示衷心的感谢！

本套丛书中的少量图片来自网络，无法联系到图片版权所有者，我们在图片下方均已标明图片来源，若有相关事宜需要处理请与我们联系。

由于编者们的工程经历及学术水平有限，书中疏漏及不当之处在所难免，敬请广大读者不吝指正。

本书编委会

2021 年 12 月

目　录

1 地铁一般几点“上下班”

在中国，《劳动法》明确规定了劳动者每日工作时间不超过 8 h、平均每周工作时间不超过 44 h 的工时制度。但是具体的上下班时间却存在差异，比如大部分银行的工作时间是 9：00—17：00，商场一般是 10：00—22：00。无论是在曙光初照的清晨，还是灯火阑珊的夜晚，地铁仿佛一直在繁忙的城市深处穿梭运行，车站里总有那么多人来来往往、行色匆匆。近年来，城市轨道交通无疑已经成了市民日常通勤出行的首选，那么，你知道地铁“上下班”的时间吗?

作为运行于国家中心城市、超大城市的重要交通网络，北京地铁当之无愧是“上班”最早的：在全国“早起”排行榜前 10 名中，有 9 条线路在北京。

地铁首班车发车时间排行前 10 名

序号	城市	线路	首班车发车时间
1	北京	8 号线	4：40
2	北京	10 号线	4：47
3	北京	6 号线	4：52
4	上海	1 号线	4：55
5	北京	1 号线	4：57
6	北京	9 号线	5：00
7	北京	13 号线	5：00
8	北京	5 号线	5：00
9	北京	八通线	5：00
10	北京	4 号线	5：00

为了方便运营管理，为乘客出行提供便利，很多城市地铁网络中的各条线路选用了基本一致的首班车发车时间。地铁首末班车的设置

是运营方综合了各个城市的城市规模、地理位置、经济水平、市民生活习惯、乘客出行需求及运营维护需要等多种因素后确定的。

经统计，截至2020年6月，全国共约176条运营线路，有13座城市的地铁线路都选择了早上6∶00作为首班车发车时间，5座城市地铁线路选择了6∶30。说到末班车，深圳地铁9号线在凌晨1∶05才结束运营，是结束运营时间最晚的线路。数据显示，超过1/2（93条，占比53.14%）的地铁线路选择在23∶00—0∶00时间段结束运营，超过1/4（48条，占比27.43%）的地铁线路的结束运营时间在0∶00之后，而22∶00之前结束运营的线路仅有9条。

提示：

（1）首班车时间，指线路列车开始提供运营服务的时间点，因此不同方向或车站发车的首班车，取时间最早值。

（2）末班车最早发车时间，即上行末班车和下行末班车在始发站发车时间的最早值。

（3）末班车最晚到达时间，即上行末班车和下行末班车在终点站到达时间的最晚值，表示该线路的所有车站在此时间点后停止运营服务。

2 地铁车厢内一阵阵的“微风”是哪里来的

当你在车厢中找到一个舒服的角落，正准备享受旅途中短暂的片刻闲暇时，一阵“微风”拂过你的后背。这个时候，你有没有好奇，车厢里的风到底是从哪里吹来的？

风可不一定是从同一个地方吹来——它主要有两大来源：

（1）地铁车辆配置通风空调系统

首先是车辆车顶的空调机组，通过与车体相连的过渡风道将处理后的冷空气送到车顶风道，然后由客室顶板上的出风口送到客室内。散发到客室内的冷空气带走客室内的热量后，通过座椅下的通风板孔经过车体侧墙的夹缝流至车顶的回风风道，其中一部分热空气通过排风口排出车外，另一部分则通过回风管回到空调机组与吸入的新风混合后，经过

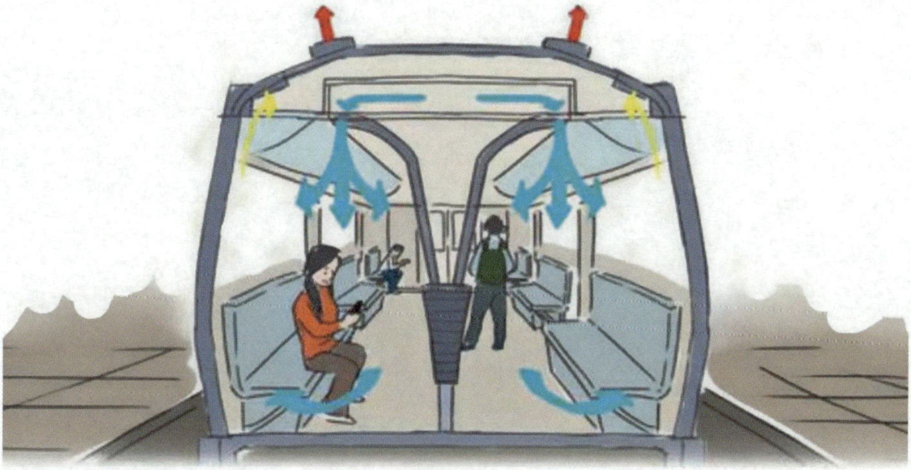

车厢空气流动方向

空气过滤器、蒸发器冷却后由离心式通风机将其送到车顶风道。这样就在客室内形成一个完整的空气循环，也就是所谓的“风”。

在乘车高峰期间，车内人员密度极大，“风”就会赶走异味、高温、二氧化碳浓度增加等一系列会让你心情变糟的小麻烦，从而改善车厢内的空气质量，提高乘客的出行舒适度。

（2）列车在隧道运行时的活塞效应 + 列车非密封的连接处

列车在隧道运行时，产生活塞效应，就像按压注射器一样，车前方隧道空气压力大，后方隧道压力小。由于列车上存在很多的不密封连接处，正压区内来不及“逃跑”的空气就会被推挤进车厢，然后车厢内多余的气体觉得太挤了，就会从不密封处争先恐后地逃离列车，所以也产生了“风”。一般而言，地铁会在隧道内的合适位置设计活塞风井，利用活塞效应将隧道内的废热气体排出，带入新鲜空气。

3 地铁列车是怎么动起来的

如果将大城市比作是一个“钢铁巨人”，那城市地铁网络一定就是这个巨人的“大动脉”了。速度快、运量大、安全性高、准点率高，虽然在交通高峰期可能会比较拥挤，但没有堵车之忧，可以比较快捷地到达目的地。那么，让地铁列车在地铁网络中飞驰的动力从何而来呢？

列车的动力源于地铁的“心脏”——供电系统，其由 10 kV 电源系统、750 V 或 1 500 V 直流牵引供电系统、400 V 低压配电系统、动力照明系统构成。地铁供电电源和家庭用电一样，一般取自城市电网，通过城市电网一次电力系统和地铁供电系统实现输送或变换，然后以适当的电压等级供给地铁各类设备。

地铁会根据用电设备的重要程度，将供电负荷分为一、二、三级。故障情况下，可切除三级负荷，优先保障一、二级负荷供电。一级负

地铁车辆运行

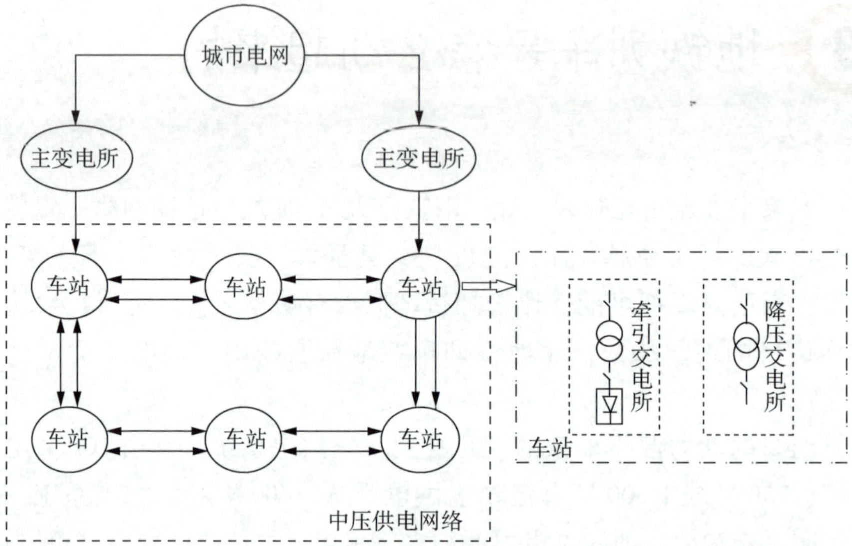

地铁列车供电系统

荷包括列车动力、信号、通信、消防和照明等系统，二级负荷包括普通风机、电梯等系统，三级负荷包括车站空调、广告照明和电热设备等系统。

除了将供电负荷分级之外，地铁列车还采取“双回线路”供电：地铁列车及重要系统设备的供电通常设有两路，这两路供电互相独立，且互为备用。当其中一路发生故障时，另一路自动供电，这样就实现了不间断安全供电。

列车采用电力驱动，牵引系统主电路采用两电平电压型直—交逆变电路。经受流器接触受流输入的 1 500 V 或 750 V 直流电由牵引逆变器变换成频率、电压可调的三相交流电，向异步牵引电动机供电。每节动车包含四台牵引电机，牵引电机通过联轴节与齿轮传动装置连接，齿轮传动装置将牵引电机的牵引或制动力矩传递给列车轮对，驱动列车前进或使列车制动。

4 地铁运营到底是赚钱还是亏钱的

随着城市化进程深入，城市人口规模不断扩大，地铁作为现代化、高度集成化的城市基础设施受到了人们的欢迎。电力驱动大幅减少了交通碳排放，选用地铁出行可以说间接地保护了城市环境。目前，全国各大城市积极兴建地铁。每天上下班坐地铁的人也非常之多，很多人认为地铁肯定特别赚钱。不赚钱怎么可能不停修建呢？

首先，修建地铁的主要目的是缓解城市的交通压力，属于公共服务运输行业，并不以盈利为目的。地铁的收入由政府补贴、票务、广告、房地产开发、物业租赁管理以及对外咨询服务等构成。

修建地铁需要大量的资金，建设成本很高，而且具有地区差异性。目前，国内修建地铁每公里的费用为5亿～15亿元，其中绝大多数为银行贷款。线路开通运营之后，在运营维护期，资金消耗也相当巨大。其运营全成本主要包括日常运营成本（人工、电费等）、设备大中修成本、设备更新成本、追加投资和利息等。几乎可以说地铁是“连呼吸都在花钱”了。

但与之相对，为了能让绝大多数市民都能享受到乘坐地铁的便利，目前国内地铁的票价非常便宜，单靠票价和广告收入是远远比不上需要支出的费用。因此即使拥有庞大的客运量，地铁如何盈利仍是当今绝大多数城市面临的难题。

所以说，地铁建设的最终目的是促进城市总体的良好发展，推动地区经济建设，维护社会和谐稳定。地铁建设是一项造福于人的公共事业，并不是很多人想象中一定赚钱。

提示：有可以盈利的地铁吗？

对于地铁经营模式的探索仍在继续，目标是在保障地铁日常运营的基础上，尽可能地平衡盈亏。目前国内有较大盈利的地铁线路，主要在上海、深圳、广州等少数城市，其主要收入模式是沿线物业开发及房地产开发。这种“站城一体化开发”的多元化经营模式正在逐渐被推广起来。

5 全国各地的地铁票价一样吗

城市公共交通最迷人的一部分，就在于无论你是谁，无论你当下境遇如何，它都平等地凝视着每一个乘坐它的人。看到的是车窗外相同的风景，邂逅的可能是城市另一头的人。每次进出闸机的那一刻，你有没有好奇过地铁究竟是怎么计算票价的呢？全国那么多条地铁线路，每个城市的地铁票价都一样吗？

在对比之前，必须先明确国内两种地铁票制：一种是“按里程计价、递远递减”，并指定起步价，随着乘坐距离增加，票价涨幅会降低；另一种则是按照区间计价，也指定起步价，根据乘坐的站数来计价。当前，只有哈尔滨、沈阳和天津实行按区间计价，其他城市全部

地铁售票机组

采用按里程计价。

然后从两个方面来统计对比固定票价可乘坐的里程和固定里程需要的票价。

（1）固定票价可乘坐的里程（以起步价为例）

37 个城市中，只有北京、上海起步价为 3 元，其他 35 个城市起步价为 2 元。花费 2 元，在南京可乘坐 10 km，是按照里程计价的城市中，可乘坐距离最远的城市。乘坐距离最少的为包括成都在内的 9 个城市，只能乘坐 4 km，仅为南京的 40%。

（2）固定里程需要的票价（以 10 km 为例）

坐 10 km，南京最便宜，只需要 2 元；成都需要 4 元，是南京的 200%。

6 地铁车票有哪些种类

“来时车票它已经泛黄，还记得经过的每一个地方，从梦里出发到实现愿望……”苍凉的歌声记录了在城市中打拼的每一个人的梦想与坚持。如果让你选择一件东西，让你想起路上匆匆流逝的岁月、来不及寄托的情感，还有沿途难忘的美景，你会选择什么？面对这个问题，一定会有人想起口袋里那一张薄薄的车票吧。

你应该也注意到了，地铁车票这一小小的“城市名片”也有好几种类型可供选择，在当今这个智能化、信息化的社会，它可以是名片大小的卡片，也可以是一件你根本摸不着的虚拟物品，甚至如果地铁“认识”你，“刷脸”也不是不可以。

第一种是传统的实体票卡，包括储值票（一卡通卡）、单程票、一日票、三日票、纪念票、免费乘客凭证（老年人、军人、重度残疾人等）、乘客优惠凭证（学生、轻度残疾人等）。储值票还可以用于乘坐其他交通工具，在城市中活动非常方便。在其他城市旅游的时候，纪念票也不失为一个有特色的城市纪念品。

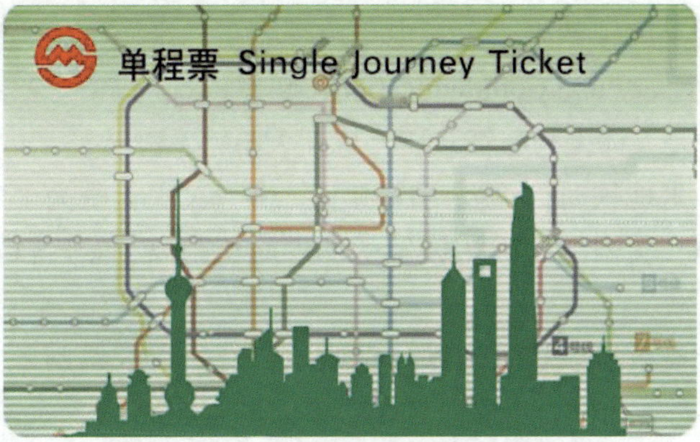

上海地铁单程票

南宁地铁单程票（筹码式）

地铁人脸识别系统

第二种是虚拟票卡，包括电子单程票、二维码、手机近距离无线通信技术（Near Field Communication，NFC）等。

第三种是人体生物特征介质，包括人脸、掌静脉等。

我们乘坐地铁时，需要两次刷卡：第一次刷卡是为了确认你上车的站点；第二次刷卡是确认你坐了多少站和距离，然后再扣除你相对应的乘车金额。

乘客凭有效车票进入地铁付费区，实行一人一票制，乘客应使用同一张车票进、出闸，一张车票不可多人同时使用。

7 为什么要天天给车票“洗澡”

地铁票有单程和往返票之分，单程票通常通过自动售票机出售。地铁单程票一般为卡片或者筹码（Token），单程票只能使用一次，进站前刷一次，出站后需投进回收孔才能出站。

爱干净的你肯定要问了，那地铁单程票，每天从一个乘客手里进入闸机里，随后又进入另一个乘客手里。这样会不会导致细菌传染？地铁是如何给单程票“洗澡”消毒的呢？

不用担心，地铁票比你想象中干净多了。一般来说，每个城市的地铁都有一间神奇的“车票浴室”，该城市内所有地铁单程车票，都要在这里清洗、消毒、烘干。以前单程票循环使用，定期消毒；在疫情防控常态化的关键时期，每张单程票使用一次后，必须回收消毒。

清洗票卡采用专门的清洗机，把待清洗的票卡放入待洗卡槽，清洗机就会自动对进入卡槽的票卡进行漂洗。首先票卡进入清洗通道，机器内小毛刷以打圈式运动对票卡进行“泡澡”“搓澡”；之后再对票卡进行“淋浴”，用清水冲刷掉残留的洗涤液和泡沫；最后票卡进入烘干箱进行烘干、消毒。经过一系列的冲洗装扮，崭新、帅气、干净的票卡又回到了乘客手中。

“清洗师”工作效率极高，1 h 能对几千张票卡进行全方位清洁，大大减少了人力成本和细菌传播的风险，大大提高了地铁的服务质量。

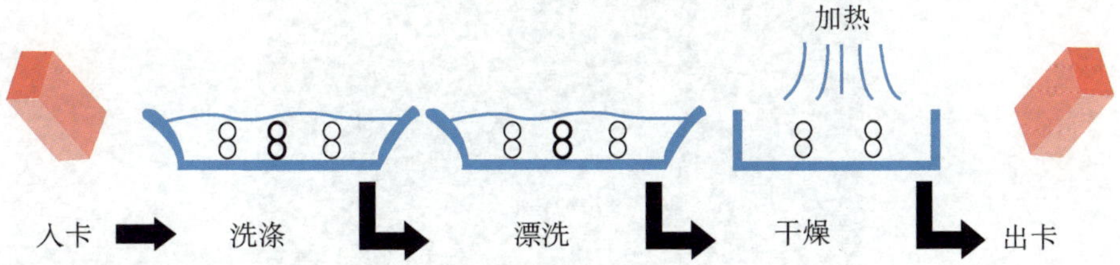

票卡清洗流程

8 地铁为什么要安检

进地铁要先安检已经是大家习以为常的事情了，如果哪个地铁站不安检就让乘客上车，乘客反过来会质疑这个地铁站的安全性。但是地铁其实并不是从诞生之初就有安检环节的。2008 年 6 月 20 日，北京地铁首次试行站内安检（并于当年 7 月 1 日正式实施），这也是世界上第一次在城市地铁线路上进行安检。时至今日，国内所有地铁都统一实施了严格的安检工作。

地铁安检一般有三种检查设施：一是 X 射线安检设备，主要用于检查旅客的行李物品；二是探测检查门，用于对旅客的身体检查，主要检查旅客是否携带违禁物品；三是磁性探测器，也叫手提式探测器，主要用于对旅客进行近身检查。

地铁安检通道

手持液体检测仪

那地铁为什么要安检呢?

一是防止有目的的人为事故、故意纵火、爆炸、散播毒气等可能造成群体恐慌及群体伤害的暴力事件．恐怖袭击（防止故意伤害）发生。

二是防止乘客未遵守规定携带易燃、易爆等危险品造成的群体伤害事件发生，如爆炸、火灾、腐蚀等（防止非故意伤害）。

地铁作为城市居民主要的通勤交通工具之一，其绝大多数线路都在封闭的地下通行，每天都承担着超大的客运压力，特别是在高峰期，人员密度和流动量都很大，一旦发生危险就会威胁乘客生命安全，甚至造成大型危害公共安全事件，在社会大范围内引起恐慌，影响社会稳定和谐。因此，地铁安检至关重要，可以在最大限度内防患于未然。

同时，随着技术的发展，目前国内地铁在大力发展智慧安检，通过人工智能、大数据等技术提高安检效率。

提示：在许多城市的地铁站里，安检员都会要求乘客把自带的瓶装水拿出来喝一口，这个规定让很多人感到奇怪。实际上，这是因为在安检机下并不能准确识别瓶内装的是何种液体，很多种类的易燃易爆液体很容易伪装成瓶装水有意无意地被带入车站。客流量较大的时候，“喝一口”是最有效率的检查办法。不过在更先进的“新成员”——便携式液检仪上线后，这种麻烦会越来越少的。

9 什么是地铁里的“隐形司机”

乘公交车的时候，经常看到来得晚的乘客一路狂奔后跳上车，因为这一趟车赶不上，下一班车可能就要几分钟之后了。通勤高峰期常可看到两辆同路公交车同时停站，但是地铁基本不会有这些情况，因为地铁的发车间隔特别短，且固定，一般只要三五分钟，就能坐上下一趟，倒更像是一种特殊的“电梯”。

地铁隧道内亮度不高、行车速度又那么快，有人就奇怪了：“那么多的地铁是如何在隧道里有序运行的？”“这么多列车同时在隧道里快速行驶，它们会撞上吗？”

这都要归功于地铁里的“隐形司机”，那就是地铁先进的信号系统。信号系统的核心是列车自动控制（Automatic Train Control，ATC）系统，它时刻监测列车运行状态和位置，控制车速，使列车之间保持

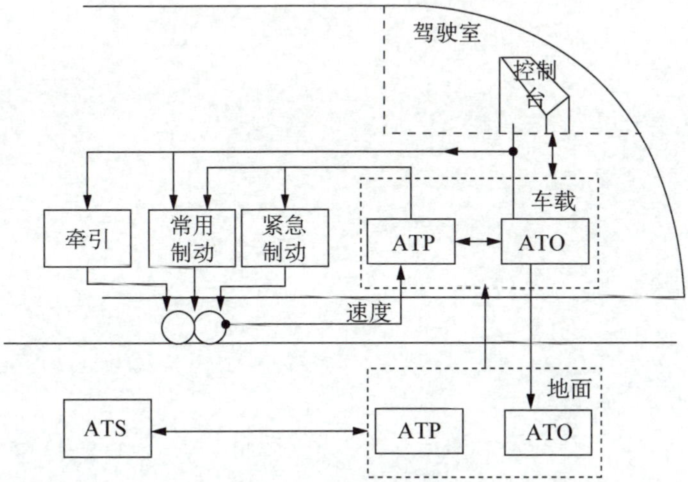

列车运行控制系统结构图

安全距离，高效运行。

ATC系统由列车自动运行系统（Automatic Train Operation，ATO）、列车自动监视系统（Automatic Train Supervision，ATS）、列车自动防护系统（Automatic Train Protection，ATP）构成。ATO系统用于控制列车自动运行，ATS系统用于系统及运营调度人员对所有车辆的运行状态、位置等进行实时监视，ATP系统用于防止列车超速、追尾、相撞等。

ATC系统应用了许多当代重要的科学技术，具有很高的可靠性，可以实现综合行车指挥和列车控制，最大限度保证了列车运行安全，提高乘客的出行效率。

10 地铁运行时隧道里的动态广告是怎么清晰显示出来的

一千多年前，汉朝的手艺人创造性地发明了可以转动的走马灯，从此这一美丽的民俗工艺品就出现在了无数中国人童年的梦中。每逢佳节，人们在灯内点上蜡烛，在轮轴上贴上武将骑马的贴纸，烛光将剪纸的影子投射在屏上，灯转动时看起来好像威武的将军在骑马疾驰一样。其实，“走马灯”在我们的日常生活中依然无处不在，甚至在地铁里也不乏它的身影。

我们在乘坐地铁的时候，透过侧车门和车窗都看见过地铁隧道里的高清大屏动态视频广告——这就是地铁隧道媒体。这时，会有一个疑问出现：地铁隧道里的这些大屏动态广告是怎么实现的呢？难道是一整面超长的显示屏吗？

“走马灯”

地铁隧道媒体广告应用的正是“走马灯”里的视觉暂留原理，跟电影、动画类似。我们小时候玩过一种动画书，书画中的人物、动物的动作以及表情是连贯不中断的。当快速翻页时，人物的动作、表情连续呈现，这就产生了动画的效果。

在地铁列车外的墙壁上安装有一条条单列 LED 灯柱，灯柱里播放广告，依次有间隔地排开，这样地铁一运行，就能通过窗外看到墙上的广告了。

地铁的动态广告也可以用电影院里播放电影类比，一格一格的电影胶片上的每一帧图像是不同的，当放映机以合适的帧频播放时，观众眼前就产生了清晰稳定的动态电影效果。利用这一现象，将运动的列车转化成播放器，从而使乘客眼前的广告图像产生运动的效果，并且清晰稳定。

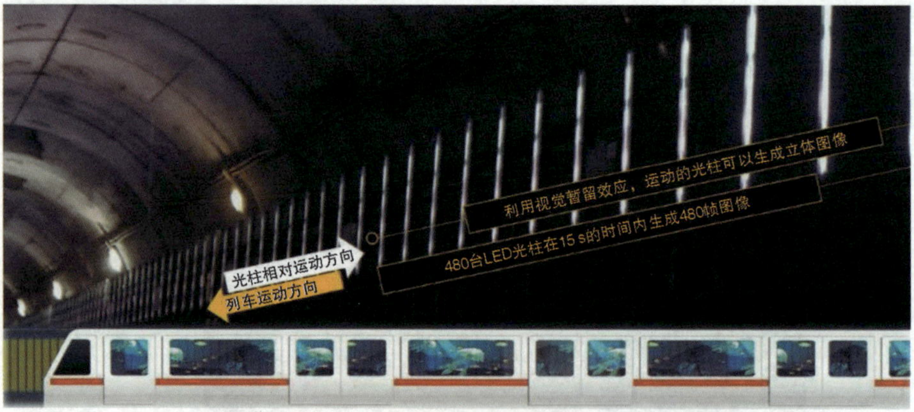

地铁 LED 阵列光柱原理示意图

11 地铁结束运营后都开到哪里去了

行船总要停泊，游子盼望归乡。大家白天出门在外，辛苦工作和学习了一天，到了晚上都会回家吃晚饭、休息，那么咱们的地铁结束运营，列车都到哪里去了呢？它们又是怎样养精蓄锐、调整状态，为第二天的工作做好准备呢？

车辆段是地铁行车系统的重要组成部分，主要承担了列车车辆日常的运营管理、整备、检修、停放等工作，同时也是车辆段工作人员的办公场所，设有临时住宿和员工培训中心等机构。当每一列列车结束它当天的运营任务后，司机就会将列车开回到它们的“家”——车辆段或停

地铁车辆段

车场。车辆段和停车场都是地铁列车运营结束后停靠的“港湾”。

车辆段在地铁运营的“幕后”，都承担了哪些具体任务呢？概括来说，主要有以下几个方面。

(1) 负责车辆段内机电、通信、信号、线路等运营设备设施的维修、保养；

(2) 负责车辆、通信等备件材料、工器具及器材的管理、供应；

(3) 负责地铁车辆的停放、日常检查、清洗、维修、临修、镟轮和定修任务及工程机车车辆的停放、检修等。

简而言之，车辆段的功能强大，是个包容友爱的“大家庭”，为正线列车提供“休憩的场所”，温柔地为每一列列车“抚平伤痕，驱散疲惫”。

12 地铁列车需要体检么

春晚的小品《一波三折》一定逗乐了不少观众，贾玲饰演的母亲那句“小病不用治，大病治不了，一旦体检反而耽误事”，表达了很多人平时对于体检的看法。定期体检依然是保护健康最好的方式，早发现才能早治疗。对地铁列车来说也是一样的。列车每天早出晚归，日复一日，为大家提供便捷的服务，难免会有些小问题，它的一个小小的毛病，就可能在行车过程中造成严重的危害，因此我们需要对列车做定期体检。“生病”了要及时治疗，地铁列车每天晚上收车后，就会马上“回家”（车辆段）休息，接受检修人员的检查。

地铁车辆检修库

晚上 9 点以后，地铁车辆段的车间里，灯火通明。许多地铁车厢整整齐齐地停放在这里，等待着“医生”挨个儿“体检”，以便第二天以更好的状态迎接旅客。

这里的“医生”都是技艺高超、经验丰富的检修工人，地铁列车的“体检”(检修）计划主要分为日检、双月检、三月检和年检等。

日检是每天运营结束后，列车回库进行的日常检查。车辆段都会安排保洁人员对列车车厢内部进行打扫和清洁，并根据车体外侧的清洁程度安排洗车作业，同时根据列车的故障情况，由车辆段检修调度员安排故障处理并验证列车是否符合运营条件。

除了日检，检修调度员还会根据列车上线运营周期及运营公里数制定计划性检修，包括双周检、三月检、年检等。通常日检的时间需要 30～45 min，双周检和三月检的时间比较长，分别需要 0.5 d 和 3 d 左右。

13 无人驾驶地铁列车真的不需要司机吗

从20世纪70年代开始，美国、英国、德国等发达国家就开始进行无人驾驶汽车的研究，80年代，中国也开始研发自己的无人驾驶。世界上最先进的无人驾驶汽车已经测试行驶近50万km。无人驾驶技术的研发结合了人工智能、模式识别及智能控制等前沿技术，是一个国家科研实力和工业水平的重要体现，是车辆行业发展的主要方向，具有广阔的应用前景。

全自动无人驾驶地铁车辆

多职能列控员

上海地铁 10 号线二期、18 号线南段以及 15 号线相继开通运营，并同步开通最高等级全自动无人驾驶系统。列车车厢内，没有明显可见的驾驶操作设备，只有位于车头位置，覆着白色盖板的操作台。

地铁采用无人驾驶，真的不需要地铁司机了吗？

在无人驾驶的地铁里，不少乘客会看到一名工作人员，这很可能就是原来的司机，他们变成了多职能列控员，承担着列车监护、车厢巡查、乘客服务以及应急处置等多项工作。

在早晚高峰时段，多职能列控员通常会在第一节列车车厢内值守。而在非高峰时段，他们会在列车车厢内巡视，穿梭于各节车厢，检查空调、照明、标贴及扶手等设施设备，并及时制止兜售、乞讨、散发黑广告等行为，也会解答乘客问询。

在列车遭遇紧急情况时，如屏蔽门有异物无法正常开、关门，列控员会在“黄金 3 分钟”之内根据调度室指令快速解决故障。若列车出现无法自动驾驶的状况，在调度室授权的情况下，列控员会拉出警戒线，并在一定时间内解锁操作台面板，将列车切换为手动驾驶状态。

14 如果碰到地铁临时停在隧道里怎么办

每天地铁车厢里人潮汹涌，或立或坐。有人坐在座位上，闭目养神；有人站着刷手机；有人带着大大的行李箱，准备远行……

假设这时，地铁突然不合时宜地停住了，然后耳畔传来“各位乘客，列车临时停车，请耐心等待”，你才猛然发现原来地铁临时停在隧道里了。这时候我们该怎么办呢？

首先，我们要明白，地铁为什么会突然临时停在隧道里呢？主要原因有以下几点：一是早晚高峰客流量大，前车还未出站，等待前车出站；二是车辆、信号或供电等设备故障，造成车辆停车；三是前方发生事故。

当碰到临时停车时，我们要做的就是耐心等待，等问题解决后，车辆会继续前行。

极个别情况下（比如区间火灾、列车火灾等），可能面临区间清客，

地铁乘客漫画

地铁隧道火灾疏散演练

遇到这种情况请大家一定要遵从引导。区间疏散尽量从疏散平台疏散，并且因为区间情况复杂（照度较低，管线多，脚下有线缆螺栓等），不管是走疏散平台还是走道床，一定要注意自身安全，多注意头顶脚下，避免摔伤、碰伤等情况。

15 乘坐地铁碰到火灾怎么办

地铁绝大多数线路都运行在相对封闭的地下，一旦起火，就会在狭小的空间内迅速蔓延，产生大量致命的浓烟，威胁乘客的生命安全。防患于未然，如果真的不巧在地铁碰到火灾该怎么办呢？

地铁内设置有火灾报警系统和自动灭火系统等，当地铁内发生火灾时，火灾自动报警系统会第一时间报警。

若在上车前发现火情，听从地铁工作人员和应急广播的指挥，沿楼梯逃生。地铁站内均有排风、送风设备，逃生时要顶风撤离，因为迎风吹来的是新鲜空气而不是浓烟，有助于乘客逃生。当你已经逃离站外，切不可再返回地下。

如果列车运行时车厢内着火，请迅速按下位于车门旁的红色按钮，通知列车司机，并可根据个人能力找到车厢连接处的灭火器，进行灭

地铁火灾疏散漫画

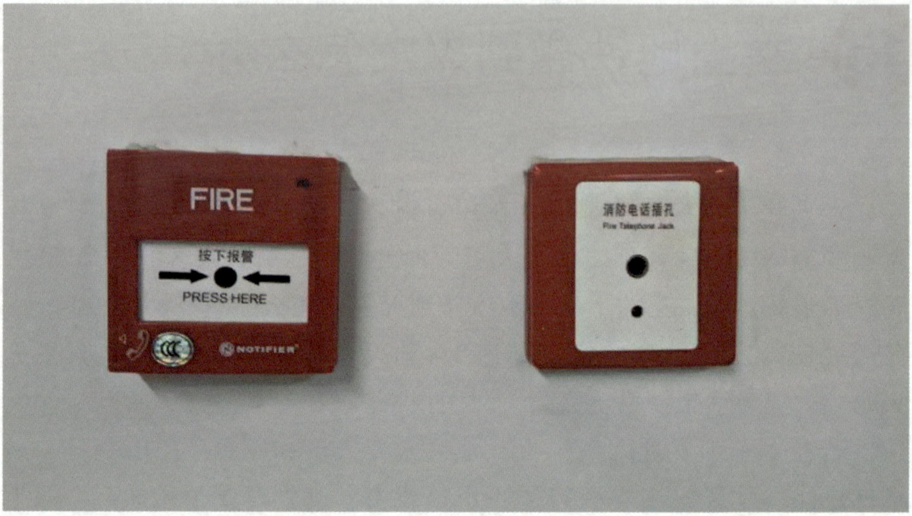

地铁火灾报警按钮

火。也许你会想到敲碎列车车窗逃生，但在火灾发生时，你得根据实际情况做出判断。因为发生火灾时，隧道内可能充满浓烟，敲碎窗户反而使浓烟进入车厢，因此不能贸然而行。

总之，如若遇到火灾发生，此时你需要做的是不要慌乱，避免相互拥挤发生踩踏，冷静反而能大大提高逃生速度。

16 地铁会 24 h 运营么

对于生活在大都市的你我而言，地铁是一个忠诚、守时的老朋友了。

每天清晨，它都能准时地将我们送到公司，又在傍晚载着疲惫的人儿回家。

不过，偶尔遇到加班太久，或与朋友相聚到太晚的情况，错过了地铁末班车，只能花高价打车回家。

也许你会问，为何不让地铁开通 24 h 运营？这样我就不怕错过末班车了呀。

地铁维修人员工作

其实，地铁真的是 24 h 连轴转，只是对外营运不是 24 h 罢了。因为地铁在结束一天的运营后，需要预留一个时间段进行设备检修维护、安全检查，确保次日的运营安全，而这个时间段通常只有 3～4 h。在那么短的时间里，要完成对地铁线路、列车进行日常检修维护，工作量大，时间紧。所以地铁不能通宵运营。

那我们看看地铁人晚上都在干啥？

当万家灯火通明的时候，工作人员开始了忙碌的夜班作业：维修人员对列车、轨道、接触网等设备系统进行维护、维修；清洁人员对车站、列车进行清洁；探伤工进入轨行区沿着轨道一步步对轨道进行“体检”；信号、通号人员检查地铁运营的“神经系统”，确保各系统反应灵敏，高效运作；客运人员完成票务清分清算，提取票务收入等。

提示：在世界范围内，也存在一些特殊情况。奥运会时期，北京地铁全路网曾经就有过 24 h 运营先例。另外，纽约地铁是 24 h 运营的，主要因为纽约地铁是复式站台，也就是有多条铁轨，晚上可以交叉停用部分轨道完成检修，而且也会减少班次。

17 地铁的“运营大脑”在哪

我们总是会下意识地把地铁里仿佛无处不在的各种信号设备的集合想象成一个庞大的“神经网络”，它能够知道并控制线路上任何一列车的行为。那么地铁系统是否也像人一样存在主导着这些“神经”的“大脑”呢?

地铁该怎么运行?隧道内列车怎么跑?间隔多少时间?每个站停留多久……指挥列车正点发车、保障线路正常运营的所有指令，都是由地铁的“运营大脑”说了算。

地铁的“运营大脑”就是轨道交通控制中心，它是地铁运营信息收发中心，是轨道交通通信枢纽，负责信息集散和交换处理。它可以调配车辆开行、全程监控运行情况，甚至可以观察到乘客进站、乘车的情况。

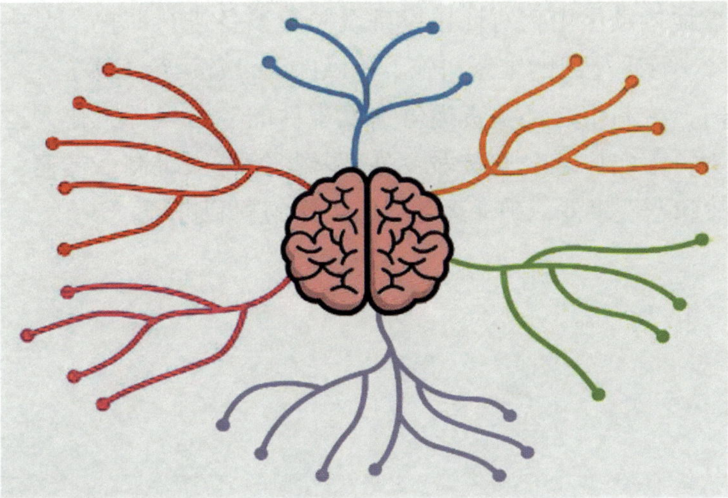

大脑神经网络

地铁控制中心

控制中心设置行车调度、电力调度、环控调度、维修调度等关键调度岗位，它们就像战场后方的指挥官，负责指挥全线列车有序运行，安全可靠地持续供电，对环控设备及防灾设备进行监视，保持良好的乘车环境，管理全线的维修和施工，以保证设备运行正常。

同时，控制中心还负责运营突发事件的应急指挥工作，适时启动应急预案，落实应急公交接驳、外部救援等外联机制，迅速、有效地处理事故和恶性事件，确保运营组织工作的顺利进行。

18 地铁列车的寿命都多长

无论工作日还是节假日，地铁车辆日复一日地奔驰在轨道上，即使经过精心地保养维护，也不可避免地会磨损，使得列车的寿命缩减。而且随着技术更新，老式车辆有可能不再满足新的需求，也会逐渐被淘汰。因此，地铁列车的寿命是有限的。

那么大家知道每天在城市之间来回驰骋的列车寿命有多长吗？

经过数百年的发展，列车经历了无数次的迭代，考虑到技术更新以及使用损耗等因素，目前地铁使用的列车其设计的结构寿命不小于30 yr。

但就像人一样，30 yr 只是地铁列车的设计理论寿命，只要保养得当，“高龄”列车仍然可以继续为大家提供服务。比如我国香港地区地

上海地铁新型车辆

1993 年上海地铁 1 号线 201 次车

铁运营多年，有些列车已经到了 30 yr 的预定寿命，但是经过专家检修，它的各项性能良好，所以还能继续在轨道上“奔跑”。乘坐着几十年前的老车，感受着车上岁月留下的痕迹，会不会也有别样的感受呢？

提示：广州是中国境内第 4 个开通地铁的城市，自 1997 年开通 1 号线首通段以来，广州地铁已服务市民超过 20 yr。为了纪念这段岁月，广州地铁举办了开通运营 20 周年的系列活动，有图片展、“回忆专列”和“时光信箱”等活动。广州的第一列地铁顺利完成常规的保养维护工作后，变身“回忆专列”再次上线服务市民。

光阴飞逝，至今还会有市民记得自己年轻时第一次坐上地铁的激动心情。不仅是人，老车也在用它的“生命”记录着一个城市的美好回忆呢！

19 淘汰后的地铁列车一般做什么用

在儿童文学《窗边的小豆豆》中，作者小豆豆讲述了自己上小学时的一段真实故事。书中的巴学园用一个废弃的车厢当作教室，孩子们每天都可以根据自己的心情，自由地选择自己喜欢的座位，上自己感兴趣的课。这是一所多么特别、令孩子们神往的学校啊。

在乘坐地铁的时候，大家是不是有想过，假如有一天地铁车厢的“寿命”到了，那么淘汰的地铁车厢是怎么处理的？也能像小豆豆的学校一样成为一间特别的“地铁教室”吗？

巴学园的教室

伦敦 PUMP HOUSE 博物馆维多利亚线地铁餐厅

目前，淘汰的地铁车辆一般有以下几种去向。

第一种是回收利用，也是大部分的处理方式。我们都知道，地铁的车厢看起来就是钢铁做的，所以很多朋友想到如果废弃掉的话，就直接当成废铁卖了，一般来说，的确是这样。不过在当作废铁处理前，还需要对可利用的材料进行回收处理。整个车厢即便过了使用年限，但还有许多的贵重金属都是可以回收的。余下的部分则当成废铁处理掉。

第二种是博物馆与私人收藏或另作他用。地铁车厢和火车车厢的设计构造其实差不多，作为城市发展的见证，一些老旧的地铁车厢也具有一定收藏价值。在一些城市博物馆中，我们可以看到会有一些火车的车厢收藏，而地铁车厢在退役后，也可能会被博物馆收藏。当然，也有可能会有个别的企业家、收藏爱好者，收购地铁车厢收藏也有可能。车厢餐厅的概念相信大家都不会陌生，所以如果有商家有兴趣的话，打造一个地铁餐厅，虽然造价也许高一些，但是卖点还是不小的。

有的地方还将废弃的地铁车厢作为填海材料或临时避难房等。废弃车辆沉入大海后，可以形成人工鱼礁，为海里的鱼儿幼苗，提供一个安全的场所。

首批废旧地铁车厢投入大西洋

20 地铁是怎么“补胎”的

说起车，你的脑海中会浮现什么形象？是不是流线型的车身，还有圆形的橡胶车轮？地铁列车每天在隧道里穿梭运行，很多朋友只见过它俊逸的外表，但是在漆黑的隧道里和高高的站台上，鲜有机会一睹站台下地铁“轮胎”的真容。

地铁和汽车不一样，地铁列车有轮但没有胎。地铁轮对主要由踏面、轮缘、轮辋、辐板和轮毂等组成，是机车车辆与钢轨直接接触的部分。左右两个车轮牢固地压装在同一根车轴上，保证机车车辆在钢轨上的运行和转向。而且不像平时常见的车轮一样是两侧对称的，它的内侧是突出的轮缘，转弯时把车轮“卡”在铁轨上，防止列车转弯

地铁看不清的“脚”

地铁车轮

地铁车轮镟轮

时脱轨。

地铁车辆在运行中，踏面与钢轨长时间摩擦，会使轮对出现剥离、凹坑及失圆等情况，相当于汽车轮胎出现了漏气的状况。检修时一旦发现这种情况，检修人员就需要对轮对进行“补胎”。轮对“补胎”有它的专业称谓——镟轮。由专业的检修人员把车辆牵引到不落轮镟床上，调整刀具角度、检测车轮数据、设定参数值后，全自动镟轮。

为了保证乘客的安全，地铁运营单位会定时定期对地铁轮对进行检修。

21 地铁的“黑匣子”在哪

自 1958 年一名墨尔本工程师发明了航空飞行记录器之后，这个别名“黑匣子”的电子器件迅速被应用在军用飞机、民航飞机上，后来又被推广使用于包括车辆、船舶等在内的多种交通工具。人们根据它的具体用途，形象地称之为“法官”“教官”和“医生”。那么我们日常乘坐的地铁，它的“黑匣子”在哪？长什么样子？

虽然人人都知道“黑匣子”，但实际上它通常被漆成明亮的橘红色。这种明亮显眼的颜色，以及记录仪外部的反射条件，都使得人们可以在意外后很快地找到记录仪。

地铁列车的“黑匣子”，通常分为以下 3 种。

坠毁飞机上的“黑匣子”

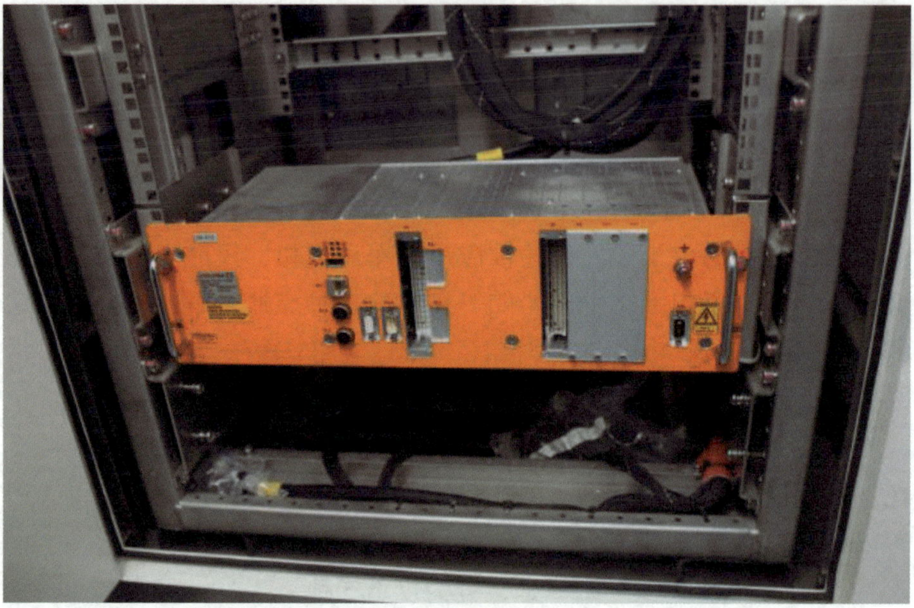

地铁“黑匣子”

第一种“黑匣子”，拥有每秒记录 4 次以上的计算能力，用来记录地铁司机驾驶列车过程中发出的指令或者是列车的各项数据，包括列车所在位置、运行速度及列车故障等。

第二种“黑匣子”，记录地铁司机与行车调度员的通话信息，只有出现行车问题时才会调取分析。

第三种“黑匣子”，这是飞机上没有的，用来储存地铁司机室和客室内的视频信息。现在有些城市的地铁列车增加了行车记录仪，行车记录仪的信息也会被这个“黑匣子”储存下来。但是存储空间都是有限的，当存储满后，会自动覆盖之前的数据，周而复始地进行记录，从而达到实时了解地铁列车的最新情况的目的。

“人类总得不断总结经验，有所发现、有所发明、有所创造、有所前进。”地铁上的这些“黑匣子”，不也正是这一智慧的集中体现吗？

22 为什么地铁列车有时会“越站”

经常坐地铁的小伙伴也许会遇到这样的情况，自己在站台等了几分钟，结果列车到站后压根没有停车的意思，就直接开走了，这究竟是为什么呢？

其实，这是地铁列车一种正常的运行方式，特指火车或者地铁等交通工具因为特殊原因而直接越过所规划的站点，通俗来说是有站而不停车，简称越站。那么问题来了，为何好好的车不站站停，不让乘客正常上下车，非要越站呢？

越站分为两种，一种是不载客越站，另一种是载客越站。

1）不载客越站

就是所谓的空车越站，车厢内没有乘客。一般有 3 种情况。

地铁越站行驶

（1）客流高峰期过后，转中低峰期时，线路上无需那么多车上线，这是最常见的情况之一。

（2）因为个别车站客流过大，需要空车直接投入大客流站点载客来缓解压力。

（3）在列车有故障的情况下，调度员需要组织列车救援。

2）载客越站

相比于不载客越站，载客越站的风险和负面影响就要大很多。因为临时更改了车厢内部分乘客的目的地，在服务体验上给乘客的出行造成了不便。

（1）个别站点出站客流过大，站内乘客无法及时疏散，或者有重大接待任务、政治任务（通常会告知你是接上级通知）等。

（2）个别的地铁站有突发紧急情况，例如火灾、水浸等，该站点短时间内必须关站，不能对外服务，所以只好组织列车载客越站——总不能把乘客往危险处送吧。

（3）在线路开通试运营之初，因个别车站不具备开通条件而采取越站运行的方案，这是国内地铁行业常见现象。

23 地铁运营结束后工作人员都下班回家吗

很多乘客都有过赶末班地铁的经历，有时候会发现末班车开走了，但是车站工作人员并没有和乘客一样坐上末班车回家。有不少乘客很好奇，没有地铁了，车站工作人员是不是也都要很快下班回家了呢？

地铁虽然结束运营了，但地铁车站的管理以及各项施工作业等还要继续，因此车站 24 h 都要有人值守。根据地铁工作人员的工作性质，在地铁收车后，有相当数量的车站工作人员是不能和普通上班族一样正常下班回家的。

由地铁的管理部门作出相关规定，地铁车站值班的大部分工作人

地铁夜班工作人员

员实行的是白夜轮休的轮班制度。顾名思义，就是第一天上白班，第二天到第三天早上上夜班，第三天和第四天休息。通常情况下，一个车站的工作人员主要由站务员、值班员和值班站长组成。站务员主要负责站厅、站台和客服中心的相关工作。他们一般会在收车前下班回家，留下一到两个岗位的人员工作到运营结束，然后留宿车站。夜间负责客服中心的卫生清洁、闸机票箱的回收、清点售票机回收的现金，以及更换站台贴纸等。次日凌晨 5：00 再开始上岗，负责客服中心工作和早高峰客流组织工作，在早高峰结束后下班。

司机也是倒班制，实行的是白夜轮休的班制。上早班的司机都是前一天上夜班的员工，在运营结束后，会回到车辆段进行备班和休息。早晨在轨道车出发之前，就要出勤、整备、检车，然后值乘首班车进入正线，后续其他司机们也陆续驾驶列车从场段开往正线，投入新的一天的运营。

24 地铁是怎么保证精准停站的

经常坐地铁的乘客可能会有这样的疑问，偌大的地铁车厢在停靠站台时，是如何做到精准停车，使车门与屏蔽门准确对应的？要知道，地铁车厢的自重达几十吨，长度达百米，要将这样的大家伙在 30 cm 的误差范围内停靠在站台是需要相当高的操作精度的。其实为了能够做到准确停车，地铁工作人员也是用了“洪荒之力”。

地铁有一套负责自动控制列车运行的系统，即 ATC 系统，它包括 ATS 子系统、ATP 子系统和 ATO 子系统，而负责列车在站台自动精确停靠的正是 ATO 子系统的主要功能之一。下面我们来看看 ATO 系统是如何发挥作用的。

当列车在区间运行时，车载计算机会使用速度传感器和加速度传感器测得的数据计算自己所处的位置，并由此自动控制列车的运行。

地铁列车精准停站

地铁信标

为了提高列车进站停车的精度，在站台的轨道上会设置多个信标。

当列车逐渐进入站台时，车载设备扫描到信标，列车上的车载计算机就会根据该信标编号去检索轨道数据库，从而得到列车在站台中的确切位置。有了准确的位置信息，系统再将其与当前行驶速度信息进行计算，并根据目标停车位置实时得出列车运行速度曲线，车载计算机由此便可下达相应的牵引和制动命令，列车最终便能精确停稳在目标位置。如果在这个过程中设备突发故障，则需要列车司机转换驾驶模式进行手动站台停靠。

25 乘坐地铁时不慎遗落物品该怎么办

出门在外，不少人都有将物品遗落在地铁上的经历。遗落的物品如果不太重要，很多人可能会选择放弃寻找。但遗落的物品非常重要时，我们又该如何去找回呢？

刚下车就发现物品遗落在了车上，应立即找到车站工作人员，将遗落物品的特征、下车的车门等信息详细地告诉他们，他们便会通知下一站的工作人员上车帮你寻找，这样物品被找回的可能性是非常大的。

如果隔了一段时间才发现物品遗落在地铁上，这时再去找车站工作人员帮忙就不可行了，因为他们也不知道你乘坐的是哪一列车。这时我们只能跟地铁客服中心进行联系，将遗落物品的特征告知他们，待有工作人员拾到特征相似的物品时，他们便会通知你前去失物招领

地铁手机遗失

丢失在轨道边的物品

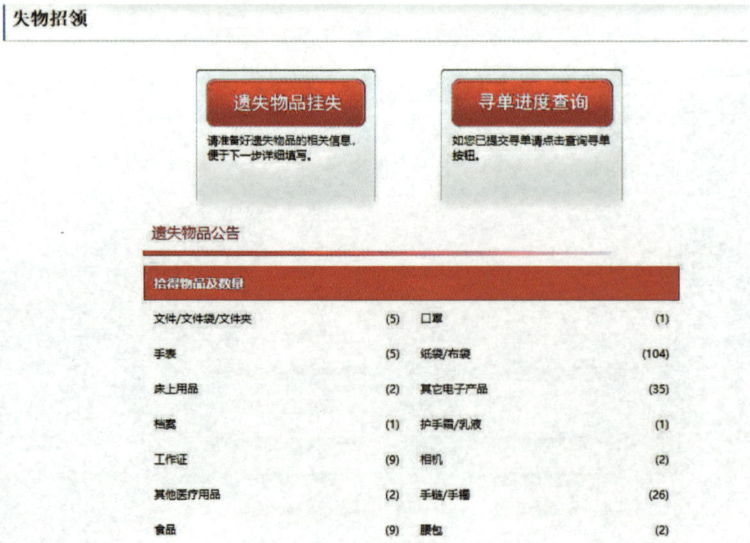

上海地铁官方网站失物招领平台

中心认领。

如物品不慎掉落列车和站台缝隙中，切勿尝试自行处理，此时应记住站台门编号，并找车站工作人员反映情况。车站工作人员会在地铁停运后，下线路帮乘客捡拾遗落的物品。

那为什么要等凌晨地铁停运后才能把掉落的物品捡回来呢？一般而言，当物品掉入轨道区间后，如白天列车还未停运就去捡，送电轨道有触电危险，因此须等晚间轨道断电后才能拾取。另外，如掉落的是卡片或较轻物品，用拾取钳易拾取。但如果掉落的是手机，那么手机有一定重量，若用拾取钳夹起易滑落，容易造成手机二次伤害，所以，如果手机掉入轨道区间，一般都等断电后再拾取。

提示：现在很多城市的地铁提供了网上寻物服务，例如上海地铁虽然没有指定的失物招领处，但是乘客可以在上海地铁官方网站失物招领平台挂失遗失物品，查询失物招领公告，也可以前往就近的地铁站向地铁工作人员寻求帮助。

26 地铁内碰到停电怎么办

大家知道地铁都是“电动”的，那如果在乘坐地铁时，突然停电会发生什么？身处其中该如何应对？

一般来说，地铁供电系统比较复杂，可能导致停电的原因也不止一种。地铁运营单位已经针对可能发生的各种情况提前准备好了突发事件预警和应急预案。如果遇到意外情况地铁停电，列车不能运行，乘客也不会陷入一片黑暗，列车及区间隧道、车站都设有由蓄电池提供的紧急照明，列车上也有可维持 45 min～1 h 的应急通风。

(1) 在站厅通道内碰上停电

不要慌张，也不要被别人的负面情绪打扰，需要做的事情是找到夜光的指示牌。按照指示牌的箭头方向找到出口。无论人流量是否很大，都不要在通道内横冲直撞，谨防跌倒或踩踏事故的发生。如果有

地铁停电乘客疏散

指挥人员赶到，一定要听从指挥，有序行动。

（2）在地铁车厢内碰上停电

停电时，即使滞留在地铁车厢内，也不要慌张。司机会尽可能利用列车的惯性将列车驾驶到车站，一旦列车停在隧道中间，会优先组织乘客从列车两端的紧急疏散门进行疏散，车站工作人员也将进入隧道指挥。司机室及车站都配备了多盏强光手提式电筒辅助照明。

如果情况危急，救援人员一定会第一时间了解情况，并且想办法救援。如果贸然行动，很容易造成恐慌气氛。值得一提的是，千万不要强扒车门，以防突然来电而发生触电事故，也不要轻易破窗跳车，更不要自己走到铁轨上，试图从隧道走出。区间情况复杂，单独行动极易发生危险，尽可能在原地就近找一个较为安全的位置耐心等待救援人员的到来。

（3）在地铁站台内碰上停电

乘客如果在站台上，通过收听站内广播，确认为大规模停电后，应该迅速就近沿着疏散向导标志或者在工作人员的指挥下抓紧时间离开车站。在站内其他灯光微弱的地方，可以按照夜光指示标志确认撤离方向。

提示：北京历史上曾发生过一次非常严重的大停电事故，1996 年 1 月 19 日下午 5：20，北京首钢一段高压输电线被砸断，引起北京市供电系统的电源故障，造成京西大规模停电。此时正值晚高峰，57 辆地铁在轨列车突然断电停运，堵塞时间长达 146 min，车上乘客积极配合工作人员进行有序疏散，整个疏散过程没有造成人员伤亡。遇停电不慌张，相信地铁站的工作人员，听从指令、有序疏散才是保证人身安全的最优解。

27 地铁碰到大客流怎么办

在高峰时段或者节假日的马路或者高速公路上，路遇堵车是再正常不过的事了。人人应该都经历过堵在路中间，只能看着远处红绿灯不断变换，车却只是一步一挪的焦虑时光。那么在我们眼中效率极高、乘坐舒适的地铁，也会发生这种麻烦的“堵车”情况吗？

地铁作为一种大众的公共交通工具，当然也会因为各种原因被堵，不过它一般情况下并不会“堵车”，“堵人”的概率倒是更大一些，这也就是地铁有时会出现的大客流现象。大客流产生的原因是什么？当乘地铁遇到大客流，我们该怎么办呢？

大客流产生的原因主要有以下 3 种：第一种是地铁运能本身与客流量不匹配，比如工作日早晚高峰出现大客流拥挤、满载率过高的情

地铁乘客拥挤

地铁乘客上下车

况；第二种是故障等突发事件导致客流积压；第三种是节假日、大型活动等引发的短时、局部超大客流。

当乘地铁遇到大客流，我们要牢记以下几点。

（1）有序进出站

当客流达到一定程度的时候，地铁站会采取一系列措施，例如站内绕行、关闭某一出入口，或关闭部分售票机等，来减缓进站速度，缓解站台压力。若你遇见该情况，请耐心等待，有序排队进出站。不要推挤，不要翻越铁马护栏。

（2）听从指挥

进站人数增多，安检口排起长长的队伍，请大家积极配合安检，提前准备好要过安检的行李，这样才能加快进站速度。

大部分乘客习惯在电梯附近候车，造成电梯口拥挤。应听从工作人员的引导，到人少的地方排队候车，提高登乘速度。

（3）上下扶梯、楼梯，请注意

人多拥挤，请有序乘坐电梯，切勿低头看手机、勿倚靠电梯、勿在电梯上打闹等。带老人、小朋友，以及拿大件行李的乘客请乘坐直梯。

（4）先下后上，切勿抢下抢上

灯闪铃响代表车门即将关闭，就不要再上下车了。万一被夹到可就不好了。大家可能知道站台门是有防夹功能的，但是，这是有条件的！车门无法感应小于 5 mm 的异物，例如衣服、包，要是不小心被夹住了，下一站打开哪侧车门可是说不准的。当车门第一次感应到异物时，会弹开几秒，方便取出异物。如果反复三次，车门就会常开，就需要司机来手动处理了，这样会耽误很多时间，严重的话后面几列车都会受到不同的影响。

总而言之，地铁遇到大客流，不要焦虑、遵守秩序，要相信百川奔流终将入海，人潮汹涌也会很快散去的。

28 地铁车站显示屏上的列车到站时间是如何得出的

如果你匆匆忙忙步行于地铁车站，突然感到饥饿，打算去买个零食，但是下一班车什么时候到站呢？这个小插曲会不会让你误了接下来的行程？

如果客流很小，停站间隔很大，等待的时间突然变得格外漫长。

如果约好见面的朋友打来电话，问你预计什么时间能到达？

地铁车站显示屏

如果不是这些需要，可能很少有人会意识到站台上那个显示着列车实时停站时间的显示屏。

随着列车的行驶，显示屏上的到站时间也在不断变化。这项信息给正在候车的乘客带来了极大的便利，那么你知道列车到站时间是如何得出的吗?

列车到站时间便是由列车 ATS 系统通过通信服务器和接口服务器传给乘客信息系统，再由乘客信息系统显示屏予以显示的。

每天列车正式运营之前，ATS 系统会自动加载当日的地铁运营时刻表。时刻表规定了列车在所有车站的计划到站时间和计划停站时间。如果列车的实际行程与计划行程出现偏差，则 ATS 系统的列车调整功能会自动地采取一定措施，如减少在车站的停站时间等，来减少地铁运行的误差。

与此同时，根据列车的实际运行情况，ATS 系统也在动态调整输出到乘客信息系统上的列车到站时间，乘客由此可得知自己的等待时间。

车站	首班车			常态末班车发车时刻(周日-周四)			延时运营末班车发车时刻(周五-周六)		
	往富锦路	往上海站	往莘庄	往富锦路	往上海站	往莘庄	往富锦路	往上海站	往莘庄
莘庄	05:30	05:30	06:04(到达)	22:32	22:32	23:34(到达)	23:50	23:50	次00:54(到达)
外环路	05:32	05:32	06:02	22:34	22:34	23:32	23:52	23:52	次00:52
莲花路	05:34	05:34	06:00	22:36	22:36	23:30	23:54	23:54	次00:50
锦江乐园	05:37	05:37	05:57	22:39	22:39	23:27	23:57	23:57	次00:47
上海南站	05:18	04:55	05:54	22:42	22:42	23:24	次00:00	次00:00	次00:44
漕宝路	05:20	04:57	05:51	22:45	22:45	23:21	次00:03	次00:03	次00:41
上海体育馆	05:23	05:00	05:49	22:48	22:48	23:19	次00:06	次00:06	次00:39
徐家汇	05:25	05:02	05:46	22:50	22:50	23:16	次00:08	次00:08	次00:36
衡山路	05:27	05:04	05:44	22:52	22:52	23:14	次00:10	次00:10	次00:34
常熟路	05:29	05:06	05:42	22:54	22:54	23:12	次00:12	次00:12	次00:32
陕西南路	05:31	05:08	05:40	22:56	22:56	23:10	次00:14	次00:14	次00:30
黄陂南路	05:34	05:11	05:38	22:58	22:58	23:08	次00:16	次00:16	次00:28
人民广场	05:37	05:14	05:35	23:01	23:01	23:05	次00:19	次00:19	次00:25
新闸路	05:38	05:15	05:33	23:03	23:03	23:03	次00:21	次00:21	次00:23
汉中路	05:40	05:17	05:31	23:05	23:05	23:01	次00:23	次00:23	次00:21

地铁列车运行时刻表

29 地铁有方向盘吗

地铁的驾驶室在大多数乘客的眼中一直是一个神秘的存在，地铁司机也是常人难以得见的“世外高人”，竟然能凭借一己之力操控地铁列车这么个“大家伙”。那么驾驶室里，是不是也藏了与它能力相匹配的超大方向盘呢？司机师傅想来也个个是臂力惊人的猛士吧！

答案当然是：没有！

地铁司机室主要有 2 个操纵手柄：方向手柄和主控手柄。方向手柄是用来对列车发出“向前”或“向后”的指令，主控手柄是实现列车的加减速和刹车的。

地铁司机操作盘

地铁钢轨

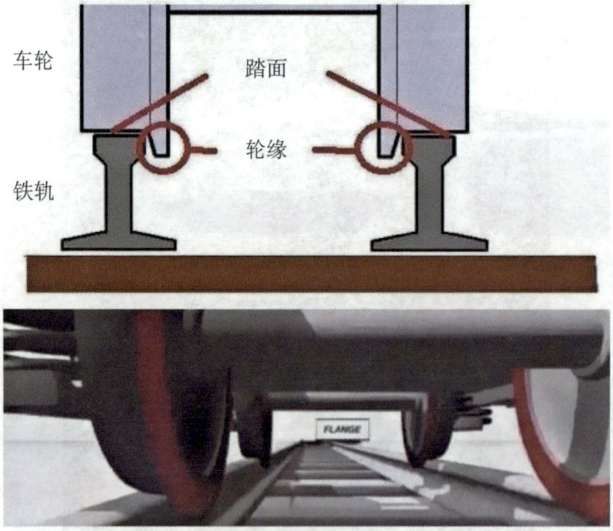

地铁轮轨接触原理图

那么没有方向盘的地铁是如何操控方向的呢?

地铁掌控方向的“奥秘”竟然是钢轨,钢轨引导机车车辆的车轮前进。钢轨承受车轮的巨大压力,并传递到轨枕上,同时为车轮提供连续、平顺和阻力最小的滚动表面。它约束了列车行进方向,为列车提供导向。

你能想象得到钢轨具体是如何控制列车拐弯的吗?轮子内侧突出来的部位轮缘,会将列车紧紧地“卡”在两根钢轨之上,让轮子不能左右摆动,只能向前或向后行驶,遇到弯道的时候,起到导向作用,使整列车拐弯。

30 地铁司机是怎么和调度员或者其他司机联系的呢

多个部门协同工作的时候，人员之间的沟通交流在所难免，我们在工作中经常通过电话或者手机和其他人联系，那么地铁司机在开车时是用什么和调度员或者其他司机联系的呢？他们也和我们一样，用手机么？

答案是否定的。

所有地铁都会在司机室配置一个专门的车载电台。

这个车载电台既可以保证列车两端司机室通话，又是在突发情况下进行人工广播、与乘客紧急对讲的主要载体。

我们都知道地铁行车是在调度中心严格的调度指挥与管理下规范进行的，是一项非常严谨的工作，不允许有丝毫的差错。地铁司机工作时的一言一行都非常谨慎，这也是乘客安全感的来源。日常工作中涉及行车安全的一切内容，行车调度员会通过专用的行调电话、调度

地铁车载电台

车内紧急通话装置

电台等工具与司机和车站站务人员沟通。一般会使用专门的行车用语，像呼叫用语规范、应答用语规范、数字发音标准等。

其中大家可能比较熟悉的是数字的发音标准，这些读音在生活中也偶有使用。例如 1 和 7 的读音相似，所以在行车用语中为了方便区分，1 读作“幺”、7 读作“拐”，而 2 和 0 也读成“两”和“洞”。可以避免绝大多数因为“听错”造成的问题。

提示：司机专注于车辆驾驶，并不会一直关注车内情况，如果乘客遇到车内突发状况，需要联系司机紧急处理时，可以使用列车车门旁边的紧急通话装置。找到装置后，按照旁边的操作说明，按下按钮，与司机取得联系，说明现场状况。保持冷静，等待司机根据现场情况做出相应的措施。但是只有在应急状态下，我们才可以启动应急装置和地铁司机通话。

31 地铁空调脏不脏

夏天有三宝，西瓜、Wi-Fi 和空调。

不管外面的天气有多么“热情”，进到地铁让人立刻清凉舒爽，这可不单因为地铁建在地下，更是因为地铁有空调。

一说到“空调有多脏”，几乎人人色变。日常生活中，夏日打开很久没使用过的空调后，凉快是凉快了，出风时总会有一股令人不安的异味。这是因为空调在长时间使用后，过滤网上总是积聚了大量肉眼可见的灰尘、颗粒物，以及各种看不见的细菌和病毒，非常脏。这些有害物质随着空气在室内循环，污染空气，危害人体健康。所以在使用前，都会先对空调滤网做一次彻底的清洁。

地铁车厢空调

地铁列车空调清洗

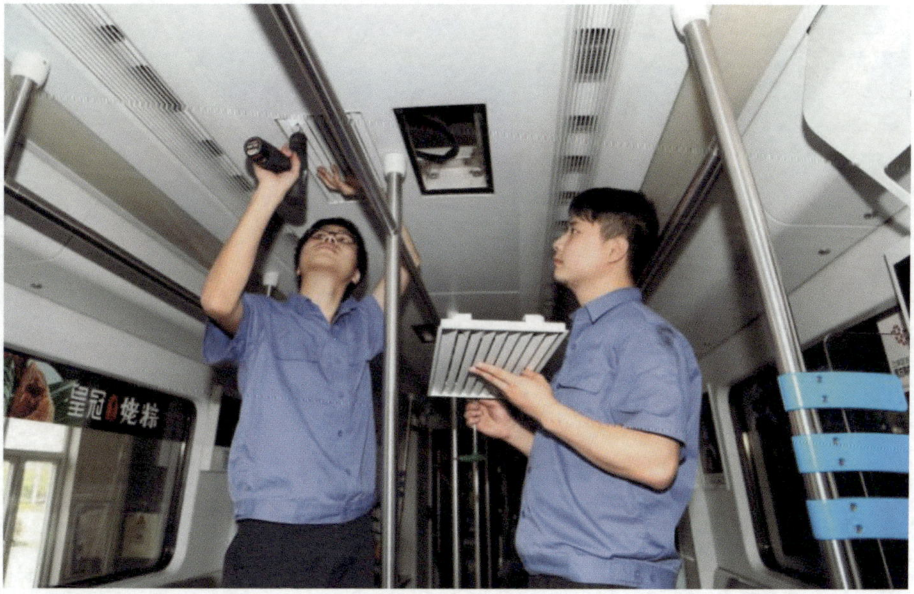

地铁车厢空调清洗

家里的空调用久了都那么脏，地铁里的空调岂不是更脏？

那你可就想错了！首先要告诉大家，地铁列车空调清洁频率比绝大部分人家里高多了。

日常运营中，地铁电客车通风是长期打开的，为保证客室内空气质量，每晚运营结束后，工作人员都会试验空调各项功能、进行空调滤网消毒清洁，每两周更换一次车顶空调混合风空调滤网，每月进行一次列车空调风机清洁。疫情期间，地铁运营单位还格外重视空调等通风系统的检修以及清洁工作，增加列车空调风机清洁工作频率。

32 为什么地铁钢轨做成工字型

地“铁”，顾名思义就是“地下铁道”或“地下铁”的简称。早在16世纪的英国，随着采矿业的兴起，出现了两根平行木材作轨道、使用马匹或人力拉动的简易运输工具。17世纪初，铁逐步代替了木材，我们熟知的“铁道”称呼由此而来。

火车跑得快，全靠车头带；地铁行得稳，轨道担重任。

地铁列车能安全平稳地穿梭于地下隧道和高架天桥，离不开它“脚底”的两根钢铁轨道。其实，钢轨的形状并不是大家想象中方方正正的平行钢条，为了让轨道承担巨大的运输力和更高的速度，钢轨在几个世纪中经过反复实验和技术改良，才进化成了如今上窄下宽的“工”字形。

16世纪的英国轨道

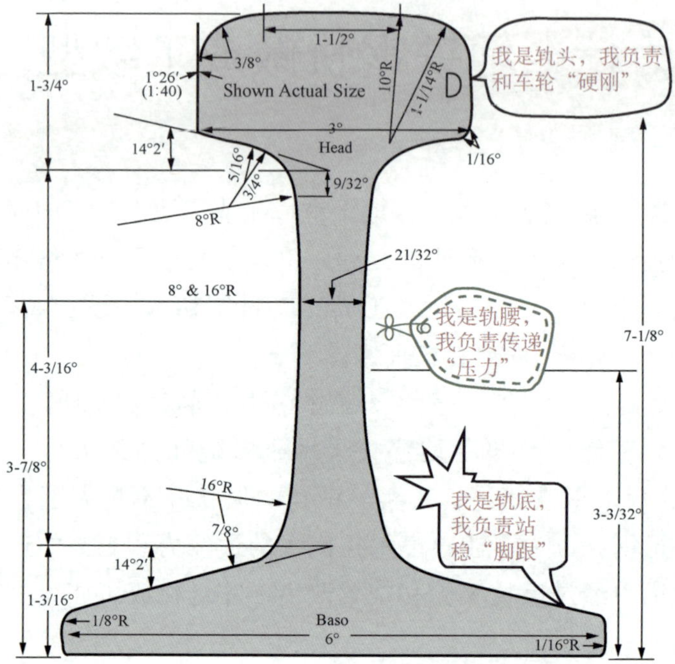

钢轨

钢轨有“胖瘦”，按“体重”常用的有每米 50 kg 和 60 kg，按“身高”有 12.5 m 和 25 m。大家看地铁隧道所用的 60 kg 钢轨，细长的轨腰，最薄处只有 16.5 mm，轨头宽度也只有 73 mm，从力学角度看，这种形式的钢轨强度最高、最稳定，能充分合理地利用钢材。

普通的铁路轨道每隔 12.5 m 或 25 m 就会有一个接头，接头之间还有一道轨缝，火车跑起来会产生令人讨厌的“哐当哐当”声。地铁轨道将 25 m 长钢轨焊接成一根无缝长轨条，让列车行驶更“丝滑”。

钢轨“压力”这么大，该如何对它进行保养？钢轨与车轮间的不断摩擦就是“硬碰硬”，偶尔还会擦出火花，刚硬的“铁汉”依然可能会受伤，这就需要我们运营“轨道医生”精心检查和保养。

33 什么是地铁“列车清客”

有细心的乘客会发现，部分线路的部分列车运行至某一站点时，车内广播会提醒乘客们：“各位乘客请注意，本趟列车终点站A站，有到B站的乘客请下车等候。”遇到这种情况，乘客可能会一脸茫然，为什么自己会被“赶下车”？

我们把这种情况称之为列车清客。对地铁运营服务来说，当正常载客运行的列车出现某种原因，而不能继续执行运营任务时，根据行车调度员统一指挥将车内乘客全部请下车，就是清客了。清客分为常规清客和非常规清客。

（1）常规清客，指的是地铁列车运行至终点站时，乘客必须下车，列车需要进行折返或按照时刻表计划退出服务。例如乘客到达各条线路的终点站时，或大、小交路终点站时。

我们日常乘坐地铁，最容易遇到的常规清客情况就是大、小交路了。城市轨道交通线路的断面客流特征一般是“中间大，两端小”，呈“纺锤形”分布。为了缓解客流、节约能耗，同时也为了最大化合理运用列车数，一般在最大断面客流量的1/2或1/3处开行小交路，以实现运能与客流量的合理匹配。

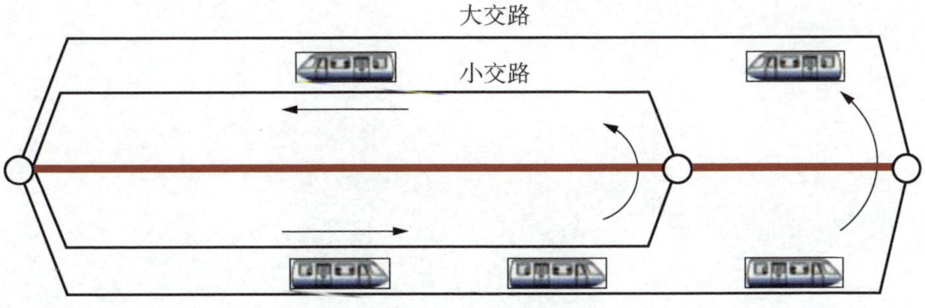

大、小交路示意图

（2）非常规清客，指的是列车运行中途，由于设备故障或发生紧急事件，列车无法继续运行而需要进行应急清客。非常规清客是由于发生突发性情况，并无预见性，这种情况下，司机会通过车厢广播进行播报，告知乘客清客原因，车站工作人员会引导大家有序下车，确保安全。一般列车发生设备故障或者因车厢内发生紧急突发事件，如遇人为安全事件、打架斗殴、危险品危及乘客安全等情况，调度员会视情况组织本次列车进行非常规清客，方便快速处置。

总的来说，清客是为了保障地铁运营线路的安全有序，当您遇到清客情况时请听从工作人员指引，带好您的随身物品尽快下车。

34 地铁是怎么调头的

你还记得小时候学过的《詹天佑》一文吗？里面提到的“中国铁路之父”——詹天佑克服千难万险，主持修建京张铁路的故事。他所设计的“人”字形线路仍然是现如今铁路折返线的基本类型之一。简而言之就是让列车在变换轨道后反向前行，相当于我们平时所说的“调头”。

每条地铁的终点站的端门处，总不乏有好奇的乘客专门在看地铁是怎样掉头的。列车去而复返，就不怕在漆黑的隧道里相撞吗？

那地铁列车是怎么调头的呢？

其实，地铁列车并没有“调头”这么一说。因为地铁列车根本不需要调头，到达终点站之后会进行“换向折返”。

我们先来看看原理。

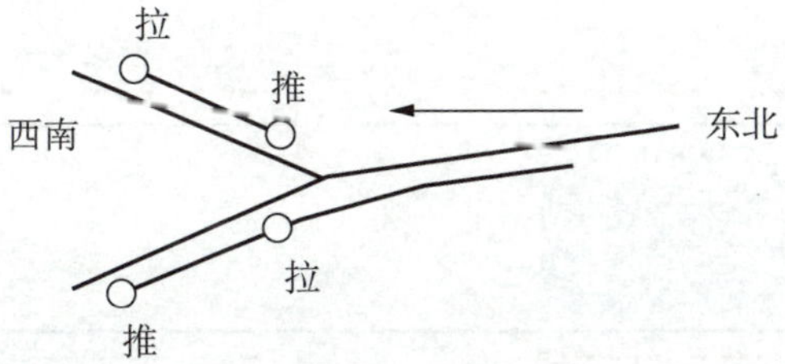

换向折返原理图

现代列车无论是地铁、高铁或是火车，折返大多是采用双火车头轮流换向牵引的方式，即列车有两个头，可以在“人”字形线路折返。

地铁列车的折返主要分为站前折返和站后折返。站前站后折返，就是根据折返过程是在站前完成还是站后完成来区分。

（1）站前折返：指列车经由站前渡线或折返道岔变更行驶方向进行折返。驾驶员从车头走到车尾（或者换新的驾驶员），车头车尾互换并开始行驶到乘客上车点。

双向行驶原理图

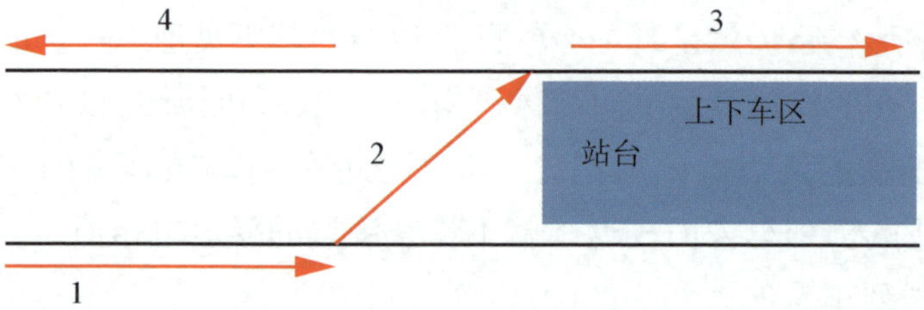

站前折返原理图

（2）站后折返：列车驶过终点站，乘客全部下车之后继续往前开一段距离，再进行折返操作。

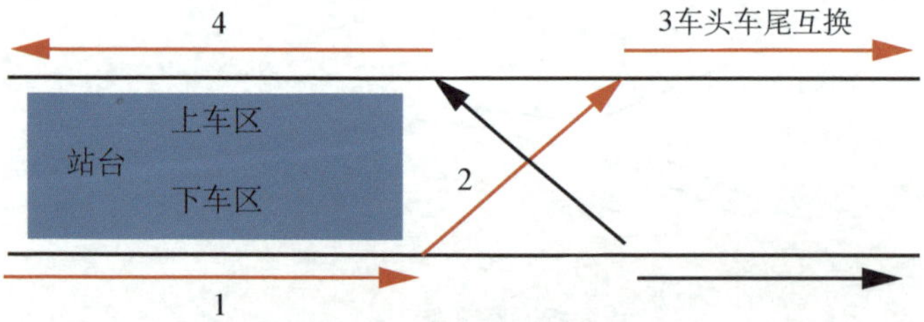

站后折返原理图

提示：既然列车到终点还会折返，有乘客到了终点不想下车，直接坐在车上等待返程行不行？

当然不行。到终点站后需要清客再进入非运营区域，乘客下车后，清洁消杀人员会到车内做清洁，乘客在车上有安全隐患。而且乘客也并不知道该车是调头还是回车辆段休息，如果待在车上，当心被带到车辆段，那回来就麻烦了。

35 地铁也遵循“红灯停、绿灯行”的规则么

“红灯停，绿灯行，黄灯亮了等一等。”这句话自孩提时代起就被深深地印入我们的脑海中。在日常生活中，每个路口的交通信号灯是我们正常出行的重要信号保证。

除了马路上的交通信号灯外，地铁中的信号灯也非常重要，它有一个更专业的叫法——“信号机”。

目前国内地铁一般均采用基于通信的列车自动控制系统（Communication Based Train Control，CBTC），在系统正常模式下的列

红灯停，绿灯行

轨旁信号机

车依靠车载设备、车地无线网络以及地面的区域控制器，和信号机没有任何关系。对于列车来说，信号机亮与不亮，都会正常运行。

不过列车显然不会永远没有故障，一旦出现由于车地通信故障等各类原因导致列车无法继续在正常模式下行驶的情况时，地铁运行就会进入后备模式。在进入后备模式后，司机或后备系统依据信号机状态来行车，遵循“红灯停、绿灯行”的规则。

当然，现实中还存在很多其他不遵循“红灯停、绿灯行”的场合：比如列车侧向通过，信号机会显示黄色；调车作业时，信号机会显示白色等。

总之，地铁系统里，“红灯停、绿灯行”的规则还是基本适用的。

36 为什么地铁车辆停站后和地铁站台有一道缝隙

相信经常坐地铁的小伙伴们，对列车与站台之间的缝隙一定不陌生吧。这条不起眼的小缝隙容易被人忽略，你一时大意，这条小缝隙就可能是安全隐患。拖着大件行李上下车的人，或是注意力全在手机上的粗心乘客，都可能被这条缝隙绊倒。既然这么危险，为什么一定要设置这样一个缝隙呢？

这主要是因为地铁列车在运行过程中会发生轻微的左右摆动，为了保证运行中的列车不擦碰站台边缘，必须要在站台边缘与列车之间留出一定量的空隙，以避免擦碰，保证安全。

由此形成的空隙可能会带来如下的问题。

列车与站台之间的缝隙

（1）物品掉落到轨道内。上下车时，手中的细小物品，如手机、钥匙、钱包等，可能会因挤撞而掉落进轨道内。

（2）物品卡进空隙内。行李箱、手推车、儿童床上下车时，轮子卡进空隙。

（3）人员上下车时不小心脚踏空踩进空隙内。

如遇上述情况，该怎么办呢？

首先，为了尽可能缩小站台与列车间的空隙，降低乘客上下车时的安全风险，通常会在站台内侧安装防踏空橡胶条，使安全距离达到甚至超过国家标准，能明显降低踩空事故的发生率。此外，运营方还会在站台上下车地面、列车车门、屏蔽门和安全门等设置明显标志，提示乘客小心缝隙。在车厢、站台等显示屏内持续滚动播放相关的安全宣传片，并通过官网、微博、微信、App 等新媒体提醒乘客注意。

脚下安全最重要，大家千万别忽视哦！

37 为什么地铁进站时不能靠近车门或安全门

1905 年一个初冬的早晨，莫斯科至西伯利亚的一个小站上，站长正率领一批随从，迎接俄国沙皇派遣的钦差大臣。为了表示对沙皇的忠心，众人手持花束，列队站在铁路两旁。不久，火车驶来，风驰电掣般呼啸而过。这时，站台边上的所有人背后仿佛突然出现了一股无形的“推力”，众人不由自主地扑向了疾驰的火车……

这是有记载的历史上第一个铁道重大伤亡事故，时至今日，在我们已经深入了解了流体力学的今天，所有地铁站都会在站台安全距离外设置警戒黄线，列车到站前，站台工作人员也会专门提醒乘客不要靠近车门或安全门。那么，为什么等候在黄线外才安全呢？

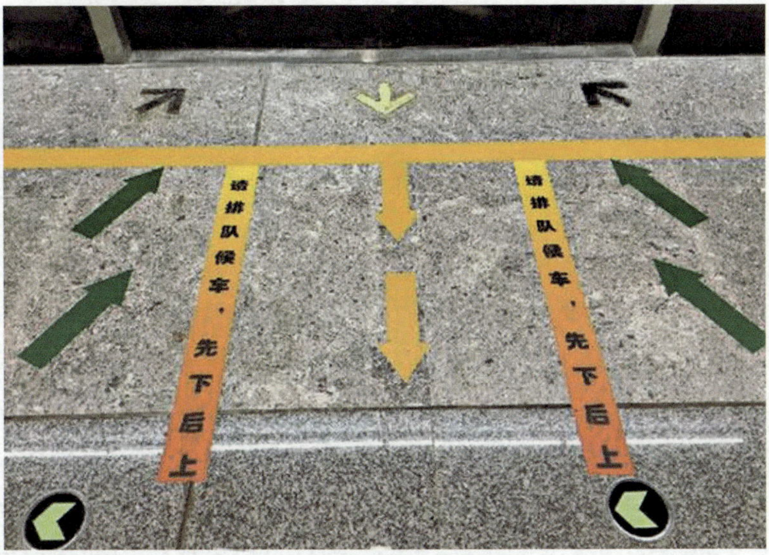

站台排队提示

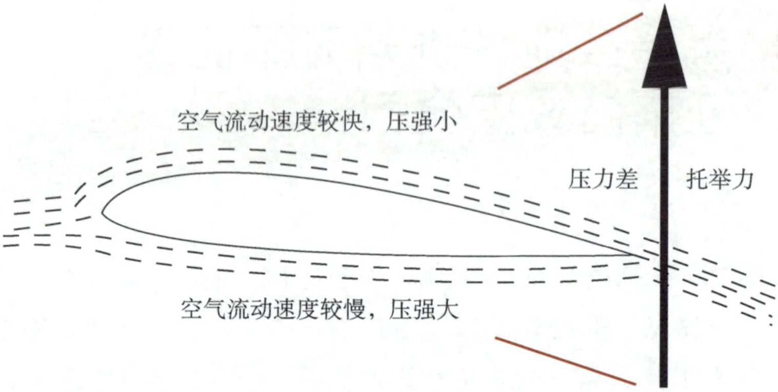

气流方向

安全候车漫画

这是因为列车行驶时产生的流速较快，会“吸引”周围的物体。如果人靠得太近，会被卷入车底。所以，现在很多站台都会加装屏蔽门。

但即使加装了屏蔽门，我们还是不可以靠得太近。列车行驶时会将周围的物体“吸引”过来，屏蔽门加装后就充当了“替身”，防止乘客被行驶的列车“吸”过去。但屏蔽门不是金刚不坏，其材质也是玻璃，说不准哪一天屏蔽门因长期受压而破裂。据报道，很多地铁站都曾经发生过屏蔽门破裂的事件。虽然破裂的几率比你中奖还要低，但安全无小事，我们还是应该远离屏蔽门。

38 “门下设备带电”这到底是怎么回事

此时车还没来，屏蔽门外就是漆黑的隧道，你不禁有些好奇隧道里的样子，但是站台的灯光太强了，于是你凑近了准备趴在屏蔽门上仔细观察。却猛然发现屏蔽门上正贴着一个显眼的标识，上面大字写着“门下设备带电”，你一个激灵，连连后退。可是站台门下为什么还会有设备带电，难道地铁根本没有把你的安全放在眼里吗？

这可就冤枉地铁了，“门下设备带电”是有原因的。

从地铁的供电方式说起，目前国内地铁一般有两种供电方式。

（1）接触网供电，电压 1 500 V 或 750 V，受电弓则是通过接触网受电，接触网位于地铁顶部；

（2）第三轨供电，供电不是列车轨道，而是与轨道平行的第三轨，通常是用较轻的工字钢。

当列车是采用第三轨供电，而第三轨都是沿着轨道铺设。那就是

“门下设备带电”警告

供电接触网

第三轨供电

说，站台内也有第三轨。如果不小心碰到，会怎么样？答案是你很可能因此丧命！不同城市列车的第三轨供电电压都不同，但最低电压至少也是 1 kV 的直流电。比起交流电，直流电的危险系数稍低，但上千伏的直流电对人的冲击还是很厉害的。

因此，当看到“门下设备带电”的提示时，大家可千万要注意人身安全，尽可能地远离危险设备，不要以为自己是绝缘体。

39 为什么地铁在路段的噪声有大有小

说起噪声，人人都有一肚子苦水要倒。邻居家装潢的噪声、阿姨跳广场舞的音乐、飞机掠过头顶的轰鸣声、熊孩子的吵闹声……地铁列车发出的隆隆声，会让乘客们烦躁不已。

但你注意没有，为什么地铁行驶时某些路段噪声小，但在某些路段噪声大呢?

事实上，地铁运行时的噪声部分源于地铁列车的轮对与钢轨之间的摩擦。列车直线运行时，噪声一般不大，但在通过小曲线半径线路和道岔区域时，噪声会变得非常大。

小曲线半径线路是什么意思呢？其实就是急弯道，地铁列车每节车厢下面有两个转向架，每个转向架上有两个轮对，转向架能帮助车厢顺利通过弯道。但是地铁列车在通过小曲线半径线路时，轮对与钢轨的摩擦会加剧，所以它会发出比在直线上行驶时更大的摩擦声。

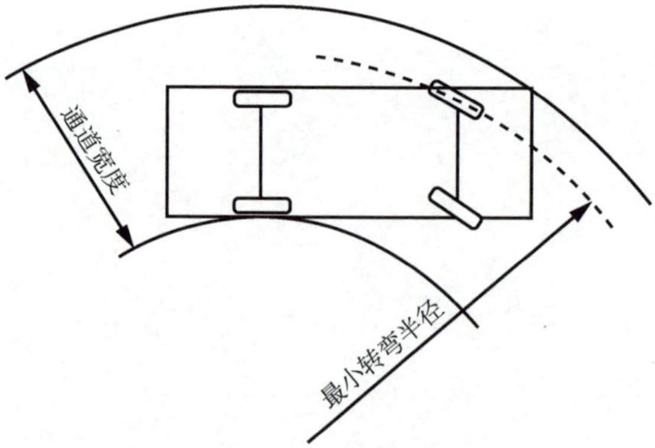

列车转向原理图

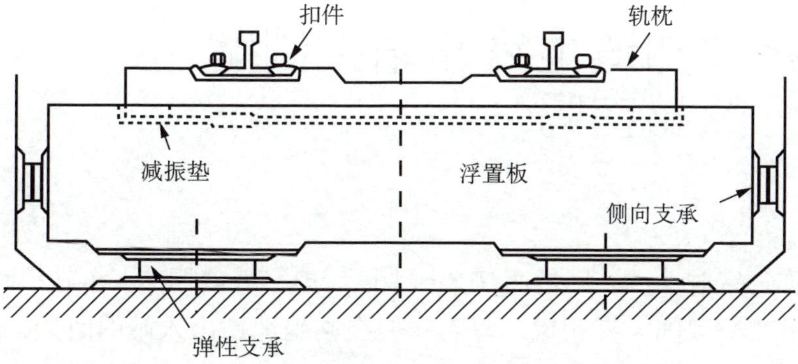

钢弹簧浮置板降噪原理图

另外，地铁线路上有许多故障车停留线、过渡线等辅助线，要从正线进到辅助线就必须经过道岔，所以地铁线路上还设有许多的道岔区域，地铁列车在通过道岔区域时，轮对与道岔钢轨的摩擦会加剧，同时列车还会出现轻微的颠簸，这也会使噪声增大。

为了降噪，在建设地铁线路时会在部分区段使用钢弹簧浮置板降噪，钢弹簧浮置板就是将混凝土道床板安装在钢弹簧隔振器上，距离基础垫层顶面 30 mm 或 40 mm，以此来达到减震降噪的作用。

40 你知道地铁车站控制室的秘密吗

你一定对地铁站厅里面这么一个隔着厚厚玻璃标注“车站控制室”字样的“小房间”有印象。每当我们在乘坐地铁出入站的时候，总会忍不住好奇地朝里面张望。里面的工作人员忙忙碌碌，桌上一排排的电话、电脑和监控盘看起来就很复杂。那么，这个大玻璃背后究竟有什么秘密呢?

其实大玻璃后面是地铁车站的“心脏”——车站控制室。这里有各种调度、公务、应急专用电话，是车站日常汇报的沟通桥梁。在这里能通过各种监控设备对车站消防、行车、客运、票务等设备的运行情况进行监控，是车站和外界上通下达的桥梁。更重要的是，这里还是乘客联系车站的重要平台。日常情况下，车站值班员和值班站长就

地铁车站控制室

地铁车站控制室工作人员

地铁车站控制室 IBP

是在车站控制室内实现列车运行的监视和控制。他们的日常工作就是完成成千上万乘客的安全输送和组织，在玻璃窗后面，实时关注着车站的任何一个位置和每一个乘客，关注着设备设施是否正常运行，乘客能否安全抵达目的地，能否享受舒适畅通的旅行。

车站控制室里最重要的装备就是综合后备盘（Integrated Backup Panel，IBP）。通过 IBP 工作人员可以对车站进行应急管理，或在紧急情况下人工介入进行运行模式操作和设备的远程单动操作。

41 你知道哪些乘坐地铁的“小习惯”很危险吗

俗话说，成也习惯，败也习惯，好习惯成就好人生。而生活中一些不经意的小习惯，有可能隐藏着巨大的安全隐患。坐了那么久地铁，一些“小习惯”你是否也带上了地铁呢？比如带着家里的宠物、家禽和异味严重的物品，更严重的比如扒门等。

首先，因为地铁是人员密集的公共交通，宠物容易携带病菌，在空间狭小、空气不畅通的地铁车站及车厢里，极易危害公众的健康。其次，携带宠物上车，会给其他乘客带来不适，甚至造成恐慌。如果宠物不小心进入隧道，还会对设备造成损害从而威胁行车安全，影响到正常的轨道交通运营秩序。

站台黄色安全线

车门是有脾气的，不能强扒哦。但偏偏就是有人抱有侥幸心理，只关心自己“赶时间”“会朋友”，把安全须知和工作人员的叮嘱当作耳旁风，在列车关门的瞬间试图抢上抢下而被误夹在车门处。强行扒住车门导致列车无法正常运营，误伤自身的同时也可能造成列车延误，影响其他乘客的顺畅出行，甚至造成人员伤亡。

等候地铁列车时，请务必站在安全门后或黄色安全线内，列车进站时不要探头张望。因为行进中的列车会带动附近的空气快速流动，根据流体力学的知识，空气流动速度越快，产生的压强就越小。由于此时人与列车之间空气的流速远大于人背部的流速，因此背部强大的压力会把人们推向列车。

不要越过安全门，进入轨道。不能将身体靠在安全门上或用其他物品挡住车门。如果自己的物品落入轨道，不要自行捞捡，应寻求车站工作人员的帮助。

42 车票不小心丢了，还可以出站么

薄薄的、小小的一张车票，在拥挤的地铁里一个不注意，就没了它的踪影。返程寻找不仅希望渺茫而且得不偿失。但是到了出口却又让人犯难了。如果意外遗失了车票，又无法正常出闸到售票处购买新的票卡，那该如何是好呢？

当发现车票遗失时，先在身上的口袋、钱包等处仔细找一找。如果实在找不到车票，只需在出闸机前，主动到地铁车站客服中心向工作人员说明情况，按照票务规定，将票款补足，就可以放心出站了！

提示：上海地铁早期曾安装过多套用于便民服务的自动补票设备，但使用一段时间后发现，乘客对这一服务措施并不认可，使用率也特

自动补票机

别低。因为车票出问题而不能离站的原因有很多，进出站的闸机验票口旁边，乘客一旦在碰到无法出入站的情况时，闸机屏首先显示的是“请去服务中心”，乘客很自然就去服务窗口寻求人工帮助了，基本上不会去使用自动补票机，而且使用起来也不方便。所以自动补票机很快就被改装成普通售票机了。但近几年随着智慧车站的建设，自助补票机在越来越多的城市得到推广应用。

43 什么是试运行、初期运营和正式运营

随着地铁线路的不断建设与发展，不同线路试运行、初期运营以及正式运营等诸如此类字眼不断进入大众视野。作为普通乘客，相信很多人搞不清楚三者之间的区别。

地铁的试运行、初期运营和正式运营这三步是循序渐进的，是地铁建成投入使用的三个必经阶段。

（1）试运行，是指城市轨道交通工程冷、热滑试验成功，系统调试结束，通过不载客列车运行，对运营地铁组织管理和设施设备系统的可用性、安全性和可靠性进行检验。试运行时间一般为不少于 3 个月，期间不对外售票载客；政府相关部门人员视察，或地铁员工、施工单位人员出于工作原因可以乘坐。

（2）初期运营，是指城市轨道交通工程所有设施设备验收合格，整体系统可用性、安全性和可靠性经过试运行检验合格后，在正式运营前所从事的载客运营活动。初期运营之日起对乘客开始售票载客。地铁线路开通载客第一年属于初期运营，为的是排查问题、消除隐患，如果出了问题方便整改，运营满 1 yr 如未出现重大问题就转入正式运营了。

（3）正式运营，是指载客初期运营满 1 yr 并完成尾工建设、缺陷问题整改后，轨道交通运营单位可向主管部门申请正式运营，经综合评估及评审合格后，轨道交通线路即可由初期运营转入正式运营。同样在初期运营期间的各项指标，设施设备可靠度等数据需要日常统计并形成报告提供。

提示：冷滑是指在接触网不受电的情况下，通过电力机车受电弓的滑行，对接触网进行动态试验检查，确认实际参数是否满足设计和

地铁试运行空载车厢

验收标准，为接触网送电、热滑等工作消除质量和安全隐患。

热滑是指在地铁接触网带电情况下，由电力客车的受电弓从接触网直接取电，依靠地铁试验列车自行运行来检验车辆与接触网系统、车辆与轨道系统之间的配合是否具备列车运行条件。

44 为什么地铁车辆里不设置垃圾桶

垃圾桶在我们的生活中无处不在，小小一个，却能够很好地帮助我们美化生活空间的环境，防范细菌的传播和滋生，为大家提供了很多便利，是日常生活中并不显眼、却不可或缺的存在。在地铁站厅、站台上都设有垃圾桶，但是地铁车厢内却都不见它的身影。如果手上有垃圾，还需要先收着，等到下车才能扔，似乎带来了许多不便，这究竟是怎么一回事呢？

这主要有以下几个原因。

（1）地铁车厢内多数是乘客，工作人员多数在站台里或是驾驶室

干净的地铁车厢

内，要是不法分子在车厢内垃圾桶里放置危险物品，一旦出现燃烧等突发情况，安全风险极大。

(2) 列车车厢是相对封闭空间，如果有乘客在垃圾桶里扔弃有异味的垃圾，比如榴莲、韭菜合子，就特别容易滋生细菌，还会影响车厢内的整体空气质量。而且如果垃圾未及时清理，还容易引来蟑螂、老鼠等，造成控制和动力线缆被咬断导致短路等隐患，影响地铁列车的运行安全。

(3) 每列车到站停靠时间很短，而频繁的发车密度和庞大的客流导致根本来不及清理，只有在每条线路的折返点以及晚上才有时间进行整车清洁打扫。如果车上有了垃圾桶，那晚上清理的垃圾估计要堆成山了。

基于以上原因考虑，所以不在地铁车厢里放置垃圾桶，而是在站台、站内设置垃圾桶。

45 地铁里的安检设备会对人产生影响健康的辐射危害吗

我国自古以来人口众多，公共安全问题一直都是管理者面对的一项巨大挑战。我国是世界上最早进行技术型安检的国家，荆轲刺秦之后，秦始皇下令在阿房宫专供外国人出入的北阙门修建了一个“磁石门”，如果出入的人员违规带了武器，就会被吸在门上，从而达到安检的目的。

随着时代变迁，X 射线安检设备作为现代交通运输等领域最重要的安全检查手段之一，是公共安全防御的一道重要防线，它利用射线和被检测物相互作用发生的各种效应获取被检目标的特征，可以穿透表面对内部进行无死角检查，在地铁、高铁进站口被广泛采用。

大家都知道射线检查对人体有放射性，会提高人体患癌的风险。有些人坐地铁时有个坏习惯，为了赶时间会在行李包出入口掀起铅吊帘或者近距离送取行李包，有的甚至将头或手伸入检查仓内取包。那

地铁安检 X 光射线图

上海地铁安检快捷通道

么，地铁里的安检设备真的会对人产生影响健康的辐射危害吗？

地铁检查行李包的系统叫“X 射线行李包检查系统”，又叫“柜式 X 射线系统”，用于对进入柜体内部的行李包进行 X 射线照射检查。根据射线装置对人体健康和环境的潜在危害程度，从高到低将射线装置分为Ⅰ类、Ⅱ类及Ⅲ类。X 射线行李包检查系统属于Ⅲ类射线装置，一般不会造成人员的放射损伤。X 光是一种高频电磁波，经过它照射的食物也不存在辐射残留，不影响我们食用。

同时，为了保障公众安全，安检设备机壳四周及准直器部位用铅板屏蔽；检查通道出入口均应装有铅胶帘；检查系统应装有安全联锁装置，保证切断发射区的任一联锁装置，X 射线能立即停止发射。

但如果乘客将头或手伸入检查仓内取包，由于出入口铅吊帘被掀起时，从缝隙处泄露出的射线会导致出入口处的 X 射线空气比释动能率比柜顶及两侧高。因此，为了避免接受不必要的电离辐射照射，乘客应该到传送带出口处领取行李包，不能将头、手伸入检查仓内取包。

提示：目前像北京、上海等城市，地铁的日均客流量达到上千万，安检环节大大降低了通行能力，安检人手不足、效率低下、乘客不便等多方矛盾促使优化安检流程的呼声越来越高。2019 年，北京市轨道交通指挥中心就提出了建立“白名单”及快速安检通道制度，实现乘客分类安检的思路。北京、上海等地也在部分入站口，设立了“安检快捷通道”试点，对从此通过的没有携带大件行李的“常客”身份及随身物品进行安全抽检。不过试用方法仍然存在安全隐患，多地正在探索人脸识别、分类安检等新机制，提升乘客的出行体验。

46 自动扶梯两边的毛刷有什么用途

经常坐地铁的你，肯定发现自动扶梯两侧都有毛刷，那这个毛刷是做什么用的呢？

这个毛刷可以用来擦鞋么？当然不能，而且使用扶梯过程中拿鞋蹭毛刷是个非常危险的事情。毛刷正式的名称叫作“围裙板防夹装置”，因为自动扶梯的台阶（梯级）之间梯级与上下端站及四周围裙板之间都有一定的间隙，根据《自动扶梯和自动人行道的制造与安装安全规范》条例规定，自动扶梯的梯级和围裙板之间的距离不能大于4 mm，可这样小的间隙也有可能使衣服或者鞋带夹入，造成伤害。毛

地铁自动扶梯

刷主要是为了保护乘客不被卷到梯级缝隙中，而且毛刷含有金属部件，蹭毛刷可能会把乘客的脚或者鞋划伤，也会降低围裙板的使用寿命。

设置这个毛刷也是提示我们："这里危险，不要靠近！"因为在自动扶梯安全事故中最常见的意外是跌倒，其次就是卷夹，乘客的鞋带、女士的裙角、孩子的脚趾等都会成为被夹的对象，电扶梯间隙带入物件的瞬间挤压力度惊人，一旦被卷入应立即按下电梯两侧的急停按钮。

安全无小事，在乘坐电扶梯的时候，一定要注意远离这些"毛茸茸"。

提示：只有一台自动扶梯的时候，运行方向与出站方向一致。这是因为车站容纳乘客的空间是有限的，为避免因出站效率低而导致站内乘客大量滞留，造成人身危险，因此在车站客流组织过程中，必须实行"出站优先"原则。

47 你能读懂地铁司机的手势语吗

“地铁司机打个手势地铁就走了，再打个手势地铁就开始减速停了。是不是有智能设备在感应司机手势？”关于这个问题的讨论在相关论坛的热度居高不下，很多不了解内情的乘客还对这种“神秘”手势展开了各种丰富的联想：体感驾驶、预防肩周炎或颈椎病、这样显得有气势等。

千万别这么想。司机室上可没有什么所谓的体感设备。这是司机在行车前，采用“手指口呼”的方式确认列车各项数据等正常。进站前，司机再次通过“手指口呼”的方式确认站台等情况正常的一个标准化流程；当车门打开后，司机下车立岗于端门外，双指指一下第一个车门，确认并呼喊“车门、屏蔽门开启”；待需要关门时呼喊“关门”并按下关门按钮；车门、屏蔽门关闭后，确认并呼喊“车门关好、

地铁司机手势

屏蔽门关好”，认真确认空隙并“手指口呼”道“空隙安全”。这么做是为了保证车辆安全行驶，看似简单的动作，列车司机每天却要重复几百次，着实是一个体力活。

“手指口呼”制度并不只是一个表面功夫、流于形式。它的主要目的是要求司机在对信号、线路情况和车门等进行确认时，做到“四到”即眼到（眼睛要盯着需要确认的东西）、手到（手指着需要确认的东西）、口到（嘴里说出正在确认的东西状态）、心到（心里要清楚自己正在确认什么，需要如何处理）。

研究表明，使用“手指口呼”比不使用“手指口呼”出现事故的几率低60%左右，因此，地铁管理人员对司机的“手指口呼”制度执行情况非常重视，通常会利用调取监控或者要求口呼时使用对讲机等形式来强制性要求司机执行。

48 为什么地铁玻璃窗的 4 个角是椭圆形的

地铁车窗 4 个角之所以设计成椭圆形，并不只是出于美观的考虑，其实地铁车窗会这样设计，跟飞机有一定的关系。现在飞机的机窗是椭圆形的，但在历史上，飞机机窗曾有过方形的设计，这种设计曾导致坠机惨剧的发生。20 世纪 50 年代，曾发生过几起飞机在飞行过程中解体的事故，其中包括：1954 年，两架哈维兰彗星客机在几个月内先后解体，共导致 56 名乘客死亡。

调查员发现机身裂缝的起点正是方形机窗的尖角，机舱内加压后，这些尖角格外容易因为受压而破裂。英国皇家飞机研究院在一次测试中发现，高达 70% 的舱内压力都集中在这些机窗的尖角上。相比之下，

飞机的圆角窗户

地铁的圆角窗户

圆形机窗能够通过分散压力均匀受压，因而更为安全。

而地铁也长期运行在狭窄的隧道内，在隧道内运行时与活塞运动类似，列车前面的空气一部分被推向前方，另一部分空气沿列车与隧道之间的环形空间流动，地铁列车车体与车窗将受到这部分空气的压力。列车速度越快，车体与车窗受到的压力也越大。

因此，如果地铁车窗玻璃 4 个角不设计成椭圆形，飞机解体的悲剧或许将在地铁上演。地铁虽然不会解体，但长期受压，可能会导致车窗玻璃破碎，如破碎的车窗玻璃会飞进车厢内，将会对乘客造成极大伤害。

49 为什么地铁扶梯旁会有一列半圆球体

成龙是中国香港地区著名的武打演员，他饰演的嫉恶如仇、身手不凡的男主角，从高处滑下更是大家耳熟能详的桥段。一定有很多人幻想过像个超级英雄一样在黑夜的城市中“跑酷”。地铁扶梯旁设置一列半圆球体，有网友还因此戏称它们为“防成龙装置”。那么这些均匀分布的半圆球体，究竟有什么用呢？

大家应该都知道，由于扶梯扶手的外延板面积较大，如果有小朋友不小心爬到上面，或者随身物品不慎滑落上面，那么人或物体会沿着光滑的外延板快速下滑，类似滑滑梯。

地铁扶梯

根据牛顿第二定律，加速度的方向跟合外力的方向相同，如果扶梯很长，那么到达下端甩出去时的速度是很大的，由于惯性，使得滑落的人或物品动能巨大，严重威胁人身安全。

因此在地铁扶梯旁设置一列半圆球体，这些半玻璃球的作用就是为了防止人或物品的滑行，因为加了这些阻挡装置，会减缓物品下滑的速度，减少伤人损物的概率。

另外，如果设置频繁的提示牌会使人烦躁，但是这些晶莹的半圆球在视觉上就会好很多。

50 列车车厢上的编号有何作用

乘坐地铁时，如果遇到突发状况，大家的第一反应肯定是报警，找专业的人员处理。但是当对方问你具体在哪个位置的时候，这串“神秘编号”，一定能帮上你的忙。在乘坐地铁过程中，想必大家都曾留意过列车车厢连接处的编号，这些数字代表什么？在地铁运营过程中，它又能够起到什么作用呢？

这些数字是列车编号，就像列车的“身份证号码”一样，其实，编号里也藏着小秘密。

地铁车厢内的编号

01 01 1

01 → 1号线

01 → 第一列车

1 → 第一节车厢

地铁列车编号组成

大家在乘坐地铁时，如遇紧急情况需要帮助，您只要能清楚地告诉工作人员这串号码，工作人员就可以及时到达现场，或者给您提供帮助，例如寻找失物等。

提示：当你在列车内如遇突发情况需要报警时，需要说清楚发生事故及所在位置。在描述位置时，报警人请注意描述清楚即将到达的站点名称，例如：下一站到某站，或 A 站与 B 站之间，以及具体的车厢号。留下你的姓名和联系电话，不要急于挂断接警员的电话，记住一定让接警员询问完结再挂断电话，确保警方已经了解全部必要信息。下车后，第一时间联系站内执勤民警或警务人员，或找到警务室，将警情告知在里面执勤的民警并积极配合民警工作。及时报警是每个人应尽的义务，谎报警情要负法律责任。

51 紧急制动这一“救命法宝”，什么时候才能使出

《西游记》中，观音菩萨给了孙悟空3根救命毫毛，让他在关键时刻用出来，就可以“叫天天应，叫地地灵”。在之后的取经路上，悟空似乎也忘记了3根毫毛的存在，直到在一次与妖怪的斗法中被困至绝境，才拿出来救命。这个故事也告诉我们，“救命法宝”一定要在真正的危急关头果断使出，不能滥用，平时最好的办法就是当它不存在。

对于乘客来说，在地铁车厢内，也有这么一个不能轻易使出的“救命法宝”——紧急制动装置，上面一般会有“擅动负法律责任”的明显标识。

实际上，紧急制动装置，近几年来经常面临着“被误用”和“不

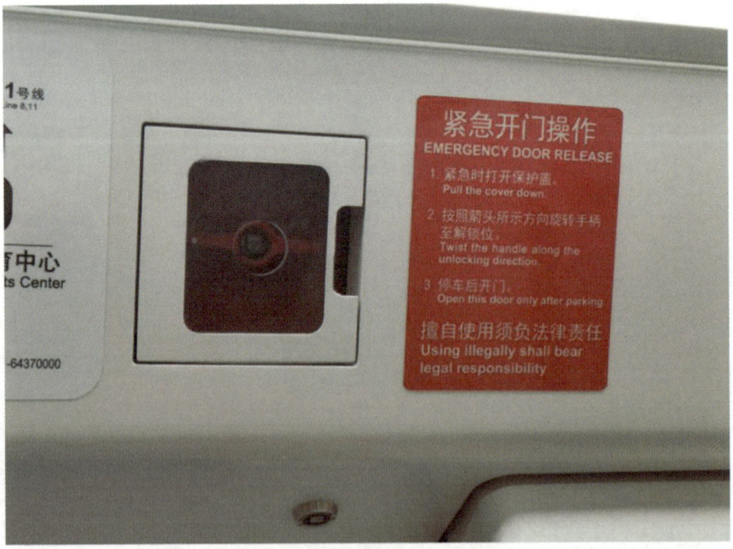

地铁车厢紧急开门装置

敢用”之间的两难抉择。社会新闻多次报道乘客因各种原因误用急停按钮导致全线延误的新闻。同时，也有乘客出现意外，同车却无一人敢用，错过了最佳救援时间。那么，紧急制动闸这一“救命法宝”，究竟什么时候才能使出？

1）一般的突发情况，不要随便启动

（1）比如只是衣服、包包被车门夹住了，不必惊慌，可以通过紧急解锁装置边上的呼叫按钮，向司机对话求助，他会来帮你解决问题。保持冷静，即使被夹住了，下一站车门打开也是可以解决问题的。

（2）当列车在区间停车时，乘客应听取车厢广播，切不可擅自使用紧急制动拉手，那会导致需要工作人员花更多的时间进行恢复操作。

（3）在站间遇到身体不适、乘客昏倒等突发事件，可以通过紧急呼叫按钮向司机求救，在下一站下车抢救。如果在站间急停，车站工作人员还需要从隧道内赶至车厢进行抢救，反而耽误救援时间。

2）紧急突发情况，果断启动

（1）涉及身体、生命安全的情况，一定要及时启动解锁装置。不管是列车停在站台上，或者在行驶途中，如果有需抢救生命，要马上停车的前提下，可以使用紧急解锁装置。

（2）列车关门启动时发生夹人或夹物等紧急状况，而列车仍没有驶离站台的情况下，乘客应该拉下紧急拉手，使列车迫停于站台，争取到处理的空间和时间。

（3）另一种情况是，当列车在运行时发生重大不可预见的灾难性事件，严重危及乘客人身安全可能造成伤亡的时刻，需要乘客自救时，可以拉下紧急制动闸，打开车门进行逃生。

52 每天早晚空跑一趟，地铁也要“热身运动”

末班车时刻已经过去，站台与车厢变得越来越空旷，一个人拖着梦想和疲累，行走在深夜的地铁站里。是都市怪谈成真还是一时间的幻觉？为什么在站台候车的时候，有时候会看到空无一人的地铁越站而去呢？

车上难道还坐着看不见的客人？

地铁运营才不像那些都市传闻那么离奇呢，所有的现象背后都是有原因的。早上和晚上，都可能会有这种列车在轨道线路上空跑一遍的情况发生，这是地铁在正式开始一天的工作之前的“热身运动”。

（1）首班车前——轧道车

每日首班车前，线路两端都会各开行一列不载客列车，就是轧道车，进入正线，该列车沿线不停靠缓慢通过各车站，目的就是排除前夜施工检修所留下的隐患，以检测线路路况，检测有没有异物侵限，有没有施工单位遗留在隧道轨行区的、妨碍列车安全运行的维修工具等，从而保证当日列车安全平稳运行。为不影响正常的载客运营，地铁车站均会提前开站，较早时间进站的乘客就能够目睹到轧道车。

（2）末班车后——回段车

如果说早上的空载列车是为了保证运营安全，那么晚上运营结束后的空载列车是怎么回事呢？地铁每条线路两端大多各设有一座停车场和一座车辆段。由于停车场和车辆段的存车容纳能力和检修保养能力不同，因此在每日运营结束后，控制中心会在保证第二日运转能力充足的情况下，将其他车辆调配回车辆段，进行清洁、保养和存放。因此，夜间运营结束后的空载列车，其实只是回段车。

总之，所有的空载列车，都是为了保障地铁安全平稳地运营，大家再看到空载列车的时候，就一切释然了。

53 地铁为什么要“横着坐”

第一次坐地铁的时候，车厢里横向联排的座位一定让你不太适应吧，人少的时候，看天看地就是不看对面人的脸；人多的时候，人与人之间距离太近又惹人烦闷。但是地铁座位这样设置是有原因的，具体有以下几点。

（1）空间利用率

我国城市人口数量多，地铁运量大，尤其是高峰期，人均站立面积非常的小，在车辆两侧设置靠墙的联排座位，可以在车中央空出更多站立空间。

（2）乘客舒适度

地铁列车客流量大、停站时间短，设置传统座位不方便乘客上下车时快速进出座位，而且在列车换向运行的时候，直接把“车尾”变

地铁横向联排座位

地铁纵向座位

为“车头”，这时背向行驶方向的乘客容易晕车，影响乘客舒适度。

（3）车厢内安全

一般来说，列车在车站间运行的时候分为加速、匀速、减速 3 个阶段，在加速和减速的过程中由于惯性，乘客的身体会发生倾斜，横向设计避免了在车厢内跌倒的危险。

（4）成本考虑

横向联排座位没有那么多死角，人工打扫较为方便，节省了人力投入；而且座位较少，结构简单，减少了建设投入。

54 地铁开上高架桥，还能叫“地”铁吗

19 世纪中叶，英国正处在“日不落帝国”的鼎盛时期，伦敦作为中心城市发展迅速，日益膨胀的城市内部交通需求给城市道路交通带来了巨大的压力。1843 年，英国人皮尔逊设计了最早的城市地铁系统，采用了“挖—盖”的工序建造在街道下方，地下铁路成为伦敦历史上第一个多数市民可以负担和使用的公共交通工具。在 100 多年后的今天，地铁已经成为世界上最长的地下铁道。地铁 (Underground,subway) 的词源就有“城市中的地下铁路”的意思，可见地铁最早的含义，就是修建在城市地下的一种公共交通系统。然而我们今天坐地铁的时候，会发现并不是所有的线路都在地下，在城郊的部分线路中，也有在

1843 年英国伦敦大都会地铁

地铁高架线路

“天上”的高架线，这是怎么一回事？在高架线上跑，还能叫作“地铁”吗？

其实问题并没有那么复杂，现在的城市轨道交通线路的敷设方式除了我们常见的地下线以外，还包括高架线和地面线。在这 3 种方式中，地下线主要建于交通繁忙路段，尤其是市区；高架线一般在城市中心外围建筑稀少、空间开阔的地段采用；地面线采用极少，一般在道路和建筑物稀少的空旷地带采用。地下线的成本最高，但是施工过程和日常运营时对周围环境及居民生活影响较小，且防雨恒温，有利于轨道设备的日常保养维护。

线路的敷设方式是设计部门根据城市总体规划的要求，结合工程地质、环境保护、文物保护、成本造价等众多因素综合考虑进行选择的。

提示：地铁由地下线过渡到地面、高架线路的部分叫作“敞开线”。敞开线的噪声和振动较大，位置都是经过慎重考虑决定的，尽量不对周围环境造成较大影响。由于是斜坡，为了防止雨水进入，一般会在敞开线上方设置透明材料的防雨棚，周围种植绿化带等美化环境。

55 你知道地铁车站里有个“神器”吗

每天乘坐地铁时，你有没有注意到安检口附近常有一个奇怪的“大黑球”，远看是颗球，近看像口锅。有人还误将它当作垃圾桶，把手里的垃圾随手扔进去。这个“球”其实叫作防爆球，又称球型防爆罐，是爆炸物处置装备中的防爆储运装备，主要用于对疑似爆炸物品的储存以及转运。当安检人员发现有疑似爆炸物品的时候，会通知公安部门来将其放置在防爆球里面，从而防止发生爆炸后所产生的冲击波和破片伤害到周围的人。

它的原理是用较厚的铁或其他金属，经过加热、模具压制等工序制成厚厚的无缝钢球壳，由上下一大一小两个半球组成的，为了能够保证防爆球的密闭性，两半球相接之处通过橡胶密封圈压紧来实现。

地铁防爆球

在球壳内部的中心位置还有一个挂网，可以使爆炸物放进去的时候能够处在球体的中心位置，这样能够增强防爆球的抗爆能力，有效抵抗爆炸产生的碎片及能量的扩散。

一般地铁里放置的是球体内直径为 75 cm 的防爆球，这是防爆球中体积最小的一款，因此也比较灵活，方便移动。而防爆球的抗爆能力是随体积递增的，因此它的缺点也就显而易见，这体积的防爆球可以承受住 2 kg 以内的 TNT 爆炸物，如果超出就不行了。

下次见到它，就不要大惊小怪，也不能往里面扔垃圾啦。

提示：地铁环境相对封闭，且人员密集，治安管理和消防安全就显得尤为重要。安检人员难以判断气球内部的气体是否为易燃易爆或有毒气体，比如市面上的很多气球内部填充了氢气，这种气体遇到火花会剧烈燃烧，车厢内人多拥挤，如果气球不小心爆炸，将威胁乘客的安全。

飞翔的氢气球一旦触碰到车站的各种管线或高压接触网，还会影响地铁列车的正常运行，因此接触网附近也禁止放飞气球及其他飞行物。

56 地铁是怎么防雨、防汛的

受台风“烟花”影响，2021 年 7 月，多个城市的地铁受到暴雨、大暴雨、特大暴雨的冲击。交通运输部印发紧急通知，要求运营单位要充分汲取雨水倒灌事件的教训，对超设计暴雨强度等非常规情况，采取停运列车，疏散乘客，关闭车站等应急措施。夏季经常有暴雨来袭，严重的将引发城市内涝。那么地铁处于地下深处，难道就不怕进水吗？地铁是怎么防雨、防汛的？

（1）防汛设施

地铁的地下隧道一般是钢筋混凝土浇筑出一个坚固的外壳，整个车站的结构是一个半密封的状态，与隧道连通的车站同样也是一个半封闭的结构，仅有出入口与外部相通。因此，雨水基本上只有通过地铁口以及电梯竖井倒灌进入地铁内部。

地铁入口

地铁入口处的防汛沙袋

为了防止地铁口进水，地铁入口处一般会有高出路面几十厘米的三级台阶。另外，在地铁站台里还配备了大量的防汛沙袋，水位过高时可以在入口处堆叠起来阻水堵截。地铁内部隧道也有完善的排水系统，排水泵、排水渠、集水口及出入洞口等，需要对它们进行日常清理保持通畅，及时清理积水。在地面上的地铁出入口前有阻水沟，阻水沟连通排水管网，可以快速排走积水。车站设置防汛板，防汛板根据每个车站出入口专门定制，需要时放置在入口处。当雨量过大的时候，集水泵会自动报警，自动疏通排水。

(2) 组织管理

时刻关注气象、防汛预警信息，并与当地气象服务中心合作，对灾害性天气进行实时监测、阈值报警或风险预警等，为轨道交通应对灾害性天气的运营指挥提供依据，确保第一时间落实有效应急部署，并及时向公众告知运营情况。

根据交通运输部关于城市轨道交通行车组织管理的要求，线路积水一旦超过轨面时，列车严禁通过。车站进水严重时将采取封站措施，或组织列车越站。在站台、站厅、自动扶梯口及站外公交车站引导乘客有序疏散。各联动单位按照预案要求快速响应、及时就位，配合车站做好客流引导工作。

57 乘地铁的时候，为什么还能上网

智能移动设备的出现彻底改变了人们的生活方式，传统的报纸杂志、固定电话、博客等正在悄悄退出历史舞台，手机、平板电脑、笔记本电脑等移动设备极大地方便了人与人之间的沟通和交流，人类获取信息的速度也前所未有地提高了。我们在地铁里经常能看到很多“低头族”一直盯着手机打发时间，有时还有“上班族”在处理公务，也有学生看电子书。这些智能设备离不开互联网，网络信号像空气一样在我们周围，但是地铁大部分线路建在地下深处，车厢里的信号究竟是怎么来的呢？难道室外的基站信号能穿透地面和车厢吗？

地铁的日均客流量超过百万人次，室外的基站覆盖的信号显然是

地铁车厢内的乘客

地铁隧道网络设备

很难进入几十米深的地下，同时满足这么大客流的数据交互需求的。地铁里无线网络信号，是因为地铁中也搭建了一整套信号覆盖系统。这套系统主要由分布式天线系统 (Distributed Antenna System，DAS）+ 漏缆组成，移动、联通、电信三大运营商通过信号合路平台（Point Of Interface，POI）把 3 种信号混合一起，再分为 2 路，一路信号用于满足站台和站厅的服务需要，通常是由 DAS 系统的吸顶天线向四周发射覆盖，另一路信号通过漏缆覆盖地铁隧道内。漏缆可以理解为表面很多均匀孔洞的水管，信号从这些“孔洞”里均匀地“喷洒”出去。

在地铁里上网可真不是一件容易的事情啊！

58 地铁的空调温度是怎么决定的

每当炎炎夏日，公共场所的空调温度“众口难调”早就不是新鲜问题了，地铁空调也没能逃过大家的争议：有的乘客嫌空调开得太低，有的乘客又热得汗流浃背。对空调温度两极分化的投诉一直没停过，让地铁运营单位很是为难。那地铁的空调温度究竟是怎么决定的？能不能像家里的空调一样随时调整？

地铁空调有别于家中的空调，司机是没有办法实时调整温度和风量的。国家相关标准明确指出了公共交通内，夏季车厢内空调温度设置不得低于 26℃，冬季不得高于 20℃。

空调系统的启动、工作与监控都是自动控制的，列车上的空调系统安装了温度传感器，用来检测车外温度和车内温度。当温度高于设

地铁空调温度设置

北京地铁“同车不同温”

定温度时，空调压缩机和冷凝风机自动启动，让车厢尽可能保持恒温。但实际上，空调机组的运用环境十分复杂，平均每几分钟停站上下客所引起的车厢内外实际温度波动，以及乘客的身体状况、站立位置等都会影响体感温度，例如老人和小孩等对温度比较敏感的人群会感觉温度偏低，上车前进行剧烈运动的乘客会感觉车内温度偏高，位于空调出风口处的乘客会因为冷风对着身体吹而感到冷等。

提示：目前，北京、青岛等城市的部分线路实现了差异供冷，设置强弱冷车厢。地铁车厢空调控制逻辑也采用自动模式，自动调节客室温度。空调机组安装在客室车顶约 1/4 及 3/4 处，与客室内的风道连接，具有通风、全冷、半冷、全暖及半暖功能，乘客可根据安全门上的标识指引，挑选适合的车厢。

59 地铁列车每节车厢都有动力吗

地铁是由若干节车厢和两个车头组成的，列车编组就是指列车的组成和构成。可我们经常见到的列车，有的长、有的短，见多识广的朋友可能数过，它们可以有 4 节的、6 节的，甚至还有 8 节的。是像“绿皮火车”那样只有车头有动力，还是像动车组列车那样，不止一节有动力呢？它们之间又是怎么配合的？

地铁列车是由动车和拖车通过车钩链接成的编组，更类似于动车组列车，它关系到轨道交通系统中车站长度、车辆的运输能力以及供电系统、通风系统等参数，还与工程规模、工程投资、运营费用、服务水平等联系密切，因而合理选择编组形式至关重要。比较常见的编

地铁车厢编组

组有4节车厢编组（2动2拖），用于运量较小的中小城市或线路；6节车厢编组（4动2拖、3动3拖）和用于人口密集的大都市的8节车厢编组（6动2拖）。

这3种编组形式各有优缺点，通常根据预计客流量、经济水平和运营模式等方面进行综合考虑，选择最适合的列车编组方式，既降低了投入成本，又能够提高乘客运输量和服务水平，以达到提高乘客舒适度的目的。

采用的编组类型是在设计阶段就决定好的，列车编组数量不能超过设计的长度，有预留则不能超过预留的长度，不能随意更改。

60 什么是地铁自动售检票系统

在市民早已对电子支付习以为常的今天，不卫生、不环保、不方便的纸质货币、车票等似乎渐渐退出了大家的日常生活，人工售票也成了地铁发展史册上陈旧的一页。2009 年 1 月，北京地铁发行的《2008 年北京地铁珍藏票册（纯银珍藏版）》作为北京地铁文化车票停止使用后的终结版票册，宣告地铁纸质车票的时代就此结束了。

但在万象更新的 21 世纪初，还有一个叫作城市轨道交通自动售检票系统（Automatic Fare Collection，AFC）的“魔术师”悄然走上了全新的历史舞台：1999 年 3 月，上海轨道交通 1 号线是我国城市轨道交通历史上最早开通使用 AFC 系统的线路。它的名字对乘客而言或许不是

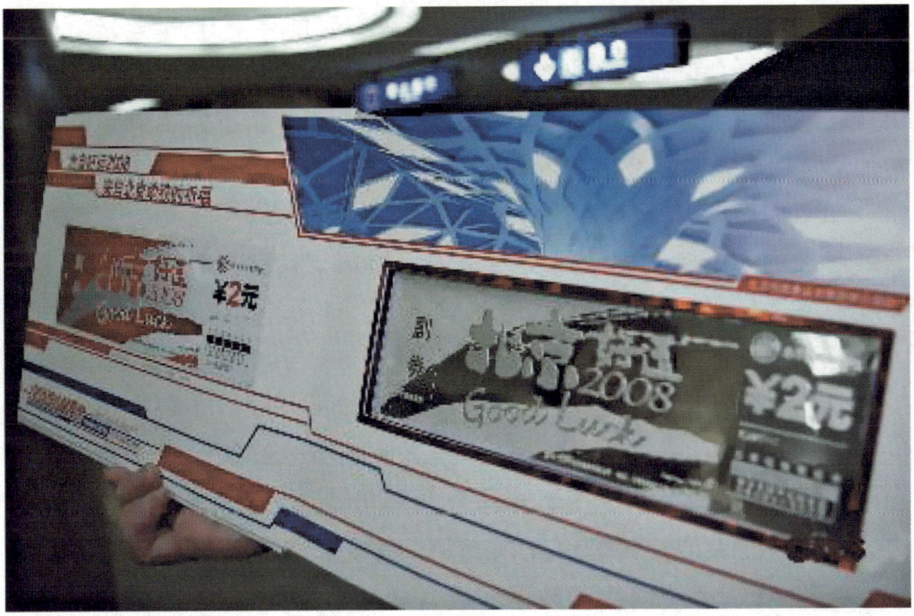

《2008 年北京地铁珍藏票册（纯银珍藏版）》

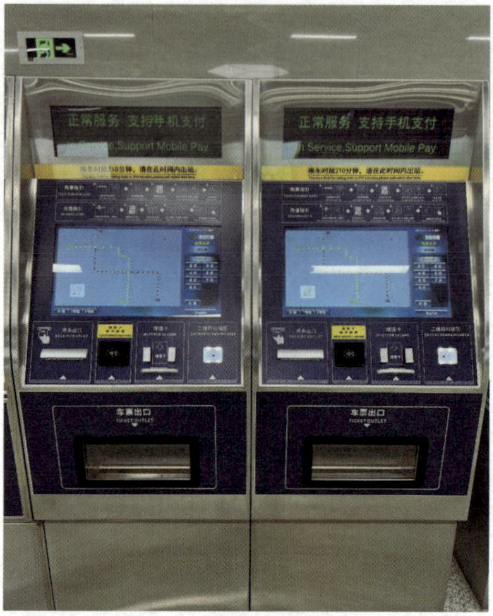

地铁自动售票机

那么熟悉，但是不管是买票进站还是换乘其实都离不开 AFC 系统的帮助，在日渐复杂的地铁线网中给人们带来了高效的乘车体验，就像一个“魔术师”那样技艺高超、神通广大。现在，让我们绕到这位“魔术师”背后去，看看它的真面目吧。

AFC 系统是基于现代社会计算机、通信、网络和自动控制等技术发展起来的，可以实现轨道交通售票、检票、计费、收费、统计、清分及管理等全过程的自动化系统。

整个系统由以下 5 个功能层组成。

（1）清分结算中心：作为整个 AFC 系统的顶层，主要是负责对地铁线路之间、地铁与城市一卡通系统之间的清分结算，制定业务规程和票务规则，制作发行票卡，全面协调不同线路间的日常运营。

（2）线路中心：管理线路内交易、客流、设备、票务等数据，负责本线路 AFC 系统的收费数据、设备状态数据、客流量数据的采集，生成报表以及对账等，具备票卡的库存管理和调配等功能。

（3）车站中心：用来监控和配置车站本地设备，采集本地车站设备数据，对车站的每一台设备实施监督、控制、参数化、数据采集和审计。

（4）终端设备：AFC系统设备层包括闸机、半自动售票机、自动售票机、自动充值机、银行圈存机、自助查询机、移动支付设备和其他设备等。

（5）票卡：5层架构体系的底层为票卡层，它是乘客所持的车费支付媒介，包括计次票、储值票、单程票、员工票和其他车票等。

61 地铁综合监控系统能“无所不知”吗

一说到“监控”，大家一定都格外熟悉，在城市的角角落落都有监控摄像头的踪影，每次看到它就觉得格外有安全感，遇到意外或者纠纷也会第一时间选择用它还原事实。那么，所谓的“地铁综合监控系统”指的仅仅是地铁里那些大大小小的摄像头吗？

事情当然没这么简单。这首先要从地铁综合监控系统的“身世”说起了。

在城市轨道交通早期建设发展的几年里，地铁的各个机电系统往往采用分立设置、独立管理，设备系统数量众多、相互关系复杂，给日常维护管理造成了很大的困难。随着自动化集成技术的成熟，越来越多的地铁线路开始采用综合监控系统 (Integrated Supervisory Control

地铁监控摄像头

调度中心监控大屏

System，ISCS）建立统一的软硬件平台，实现资源共享、互联互通、设备集中管理和维护，还可对子系统进行故障监测，为紧急情况下事件的处理提供全面、及时的信息和控制能力，提高地铁整体运营调度管理水平。

因此，地铁 ISCS 综合监控系统是在运营管理、乘客安全需求逐渐细化、复杂化的环境下应运而生的。除了直接面向乘客服务的自动售检票系统、乘客信息系统、广播系统、视频监控系统、门禁系统以及站台门系统以外，还有电力监控系统、环境与设备监控系统等，都可以被 ISCS 进行实时集中监控和控制，可以说对地铁里的一切“无所不知、如臂使指”了。

举个例子，现如今“碳中和”“碳达峰”等已经成了国际社会的主流话题，也对城市轨道交通设备的能耗控制提出了更加严峻的考验。以地铁中采集到的地铁站内的温度、湿度等参数作为指标，地铁就可以利用主机群控与能效管理中心，对控制设备进行启停，对冷却水泵、空调风柜等设备进行变频控制，大大降低设备的耗能。在节省了人力资源、提高乘客舒适度的同时，节能减排亦不落下风。

62 地铁的通信系统是什么样子的

盛唐诗人岑参的《逢入京使》有云："马上相逢无纸笔，凭君传语报平安。"我们知道，一条地铁一般包括控制中心、正线车站、车辆段和停车场等，具有多专业、多接口的特点。随着技术的不断升级，需要靠通信完成的任务也越来越复杂，那么地铁通信又是如何"凭君传语""报平安"的呢？

通信系统作为地铁运营调度、企业管理、服务乘客、治安反恐和应急指挥的网络平台，是地铁正常运转的"神经系统"。它的职责可太多了：为乘客和地铁工作人员提供内部、外部联络的通信手段；为调度指挥列车运行、电力供应、日常维修、防灾救护以及票房管理提供

站务员通话中

专用通信渠道；为公安人员提供地铁警务指挥，传输语音、数据、图像等业务，也是市政府相关职能部门调度联络重要的无线通信保障。正是依靠地铁通信系统，才能实现各部门之间的有机联系，为地铁总体运营保驾护航。

这么复杂的任务，通信系统也能做到井井有条。和其他系统一样，通信系统也分为三大模块，同时包括多个不同功能的子系统，由基于光纤的宽带综合业务数字传输网络，为各种业务信息提供多种宽窄带传输通道。

(1) 专网通信系统：传输系统、无线通信系统、公务电话系统、专用电话系统、视频监控系统、广播系统、时钟系统、电源及接地系统、集中维护告警系统、乘客信息系统。

(2) 民用通信系统：传输系统、移动通信无线引入系统、电源及接地系统、集中告警监测系统。

(3) 公安通信系统：公安消防无线系统、计算机网络、视频监控系统、有线电话系统、电源及接地系统。

63 为什么说地铁门禁系统是值得信赖的“守门卫士”

不少人小时候都有把家门钥匙挂在脖子上的经历，但是随着我们逐渐长大，需要打开的门、解开的锁变得越来越多，钥匙串也从一个两个，变成了沉重的一大串，一旦丢失，后果十分严重。地铁站有那么多门，如果进出全部依靠钥匙，管理起来肯定特别麻烦。幸运的是，近几十年通道管理技术的飞跃式发展，使地铁门禁在安全性、便捷性及易管理性等方面越来越成熟，现代化的地铁门禁系统 (Access Control System，ACS）已经成为了值得信赖的“守门卫士”。

ACS 是实现员工进出管理的自动化系统，主要作用是限制未经授权的人进入区域，地铁出入口、设备间、屏蔽门等多处都应用了门禁系统，地铁门禁可控区域广、联动设备多、控制点数多且安全要求高。

地铁车站钥匙柜

通过ACS可实现：自动识别员工身份、自动根据系统设定开启门锁、自动记录；自动采集数据，自动统计、产生报表；通过系统设定实现人员权限、区域管理和时间控制；并可实现员工考勤管理等功能。

网络技术的发展和广泛应用，使得门禁系统的发展也由传统的主从式智能门禁系统模式转换为基于网络的远程、网络控制模式。地铁门禁系统具有控制点数多、数据通信量大、数据传输距离远、联通设备多以及安全性能要求高等特点。在整个地铁的控制中心大楼、车站、车辆段、停车场及主变电所的各个重要的管理用房、设备用房都设有门禁点。门禁系统结构分为4层：线网级、中央级、车站级和就地级（门禁前端设备层）。

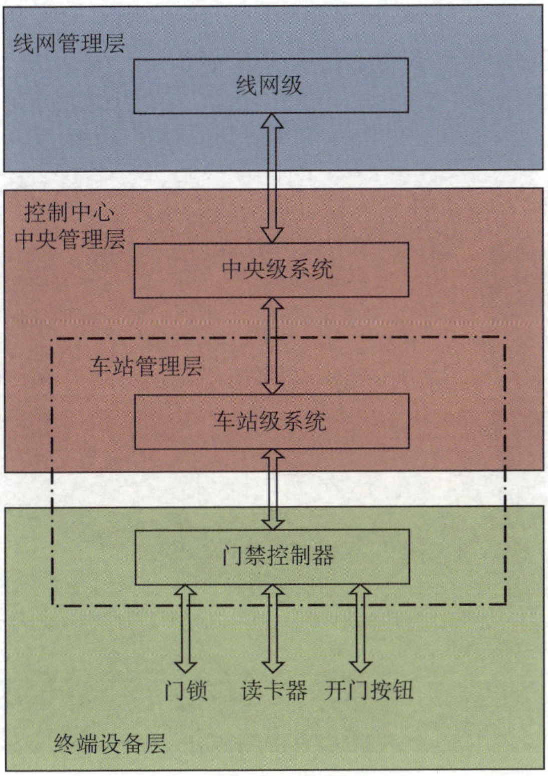

ACS 结构图

64 地铁发生火灾时，自动报警系统在忙些什么

城市轨道交通火灾自动报警系统(Fire Alarm System，FAS)，顾名思义，主要任务就是负责实现地铁的火灾探测及报警功能。那么，在地铁火灾后的黄金救援时间内，FAS在忙些什么呢？作为乘客，该如何配合它的行动？

城市轨道交通FAS一般分中心级、车站级和就地级三级管理，实现对运营线路火灾探测报警和对消防系统设备进行监控与管理。在地铁发生火灾时，发出模式指令使消防系统和各相关设备转入火灾模式运行，执行消防联动，实现防救火灾功能。

地铁站点灭火救援演练

上海地铁列车突发火灾事故灭火救援联合演练

在火灾初期，现场的火灾探测器会接收到烟雾、温度变化等信号，或者由现场人员手动按下报警按钮，火灾报警控制器对这 2 种报警信号进行分析、处理，确认为火灾后，即发出火灾警报，并记录、显示火灾发生的具体时间和位置。与此同时，启动各种防烟、排烟模式，控制器联动各种防烟排烟装置、气体灭火装置、防火门、防火卷帘门等隔烟防火设施，停止通风、空调系统运行，切断相关区域的非消防电源，防止火灾进一步蔓延。

此外，为确保 FAS 的可靠性和安全性，一般在车站级 FAS 才纳入 ISCS，而现场级的网络和设备仍是保持独立。在对 ISCS 设计时，对 FAS 划分独立的通信传输通道，保证 FAS 数据传输的独立性和优先性。

地铁作为容量比较大的公共交通工具，其安全性直接关系到广大乘客的生命安全，事故和灾害是难以根本杜绝的，所以必须设置高度可靠的消防系统，用以保障所有地铁乘客的安全以及顺利运营，降低事故带来的损失。

65 地铁里竟然也有 CCTV

一说到CCTV，大家最先想起来的，肯定是“中国中央电视台(China Central Television)”，可是地铁里为什么也有一个叫作CCTV的系统呢?

下次再说起它可不要误会啦!

这里的CCTV(Closed Circuit Television，CCTV）系统指的其实是地铁视频监控系统，也叫闭路电视，它是安防领域中的重要组成部分，是所有安全系统中最关键的子系统。

地铁因人流密集、地下空间局促、内部构造复杂、地下与地面间距较长、连接点较少以及通风、排气能力有限等特点，导致全球范围

站台枪式摄像机

内已多次出现针对地铁的恶性袭击事件，为地铁运营敲响了警钟，也进一步推动了我国城市轨道交通的 CCTV 系统的发展。

行车调度人员可以根据 CCTV 系统传来的实时画面对站台客流、列车开关门情况和站厅出入口等重要区域进行观察和控制，还能对急性敏感事件进行联动告警，迅速处理，为车站治安防控、110 远程报警提供基础平台。多功能、多层次的安防监控系统大大减少了巡逻值班人员的工作强度，提高效率，减少开支。除了现场工作人员监视外，CCTV 信息还会被传送到控制中心，供调度人员、派出所和分局警员监视，从而实现图像的远程监控。

那么车站中的 CCTV 系统是由哪些设备搭建起来的呢？

（1）前端设备：摄像机（含有枪式摄像机、半球摄像机、球形摄像机）、拾音器；

（2）站厅、站台：综合箱、配电箱；

（3）机房设备：视频服务器、视频分析服务器、交换机、编码器等；

（4）控制室、列车停车位置：控制终端、液晶显示器、视频解码器等。

把这些设备串联起来就是整个 CCTV 系统的简单结构。

66 你了解地铁列车报站广播吗

“乘客们，本站是人民广场站，出站的乘客请右手持卡依次通过闸机验票后出站。搭乘扶梯时，请站稳扶好，注意脚下安全，老人、小孩及携带大件行李的乘客请乘坐无障碍电梯！”

“乘客们，请注意本站首末班车时间，以免耽误您的出行。”

“地铁内严禁乞讨、卖艺、兜售、散发小广告等行为，为确保您的信息安全，请不要向陌生人透露个人信息。”

……

听着这些我们再熟悉不过的地铁广播通知，就仿佛置身于人群熙攘的地铁中。

地铁通信广播系统是地铁通信系统中的一个专用子系统，在地铁行车组织、客运服务、防灾救险以及设备维护等方面具有十分重要的作用，也是地铁运营面向乘客的主要信息传输渠道。

列车报站时，动态电子地图和 LCD 电视同步显示站点信息。一般来说，列车广播报站有 TMS 报站、自动报站、手动报站和人工广播报站 4 种报站方式。那么这个系统是怎么运转的呢？

（1）TMS 报站

也叫作自动报站 (Automatic Train Operation，ATO)，只有在 ATO 驾驶模式下才可使用。

ATO 可根据轨旁设备确定列车所在位置，当列车速度大于 5 km/h，开始报：“前方到站……” 当列车距离目标站小于 300 m 时播放到站报站广播：“……站到了。”

（2）自动报站

列车在非 ATO 驾驶模式下，将首选自动报站。

地铁车厢内报站显示屏

司机广播报站

自动报站需要司机在始发站设置好起点站、终点站、上下行方向，列车根据车辆速度、开关门信息完成MP3文件调用和报站。列车速度小于25 km/h，乘客信息及显示系统播放到站报站广播：“……站到了。”列车检测到速度信息和开关门信号后自动加一个站，当列车速度大于5 km/h，开始报出站广播：“前方到站……”

（3）手动报站

自动报站故障情况下才会用到手动报站。

手动报站是司机每次进、出站时，手动点击广播控制器选择站名来调用报站语音，就像操作歌曲点播一样。

（4）人工广播报站

在设备故障且无法自动或者手动报站的情况下，司机通过广播话筒口头播报站点，这是最原始的报站方式，也是列车广播报站系统的最后一道“屏障”。

67 地铁的候车时间为什么有长有短

经常乘坐地铁的朋友可能注意到了，站与站之间的运行时长并不都是一致的，有的时间长、有的时间短，特别是在客流较小的时候，站台候车的时间有些时候会明显变得长一些。这到底是怎么一回事呢？

从铁路信号系统角度上说，决定列车行车安全和行车间隔的最主要因素是闭塞分区。在轨道交通领域，闭塞分区就是将列车运行的线路划分成若干段封闭的区间，闭塞分区的大小是制约列车行车效率的重要因素。主要的闭塞分区方法分为以下几种。

（1）站间闭塞

站间闭塞是一种固定闭塞，闭塞分区的长度为 2 个车站之间。在发车车站和接车车站值班员共同确认区间空闲的前提下，发车站的车站值班员向司机签发“路牌”，司机驶离发车车站后，列车在区间的运行安全完全由司机保证。

两个车站之间只允许运行一列车，行车间隔很大、行车密度很小、乘客等待的时间很长。

（2）进路闭塞

进路闭塞也是一种固定闭塞方式，闭塞分区的单位为一条进路。进路是指在站内，列车、调车机车或车列由一个地点到另一个地点所运行的经路，列车运行时遵守一条进路仅运行一列车的原则。列车出清一条进路后，该进路的始端端信号机开放，后续列车可以驶入该进路。

一条进路可以允许运行一列车，行车间隔较大、行车密度较小、乘客等待的时间较长。

（3）准移动闭塞

准移动闭塞的安全间隔比固定闭塞更小，但仍有闭塞分区的限制。

双车追踪运行时，后车的行车许可终点在前车所在闭塞分区始端增加一个安全防护距离，每个闭塞分区仅允许运行一列车。

特点是一条进路可以允许运行多列车，行车间隔较小、行车密度较大、乘客等待的时间较短。

（4）移动闭塞

移动闭塞在控制列车的安全间隔是最小的，完全突破了闭塞分区的限制，同一个闭塞分区可以运行多辆列车，后车的行车许可终点在前车的安全车尾增加一个安全防护距离。

特点是一条进路可以允许运行多列车，行车间隔很小、行车密度很大、乘客等待的时间很短。

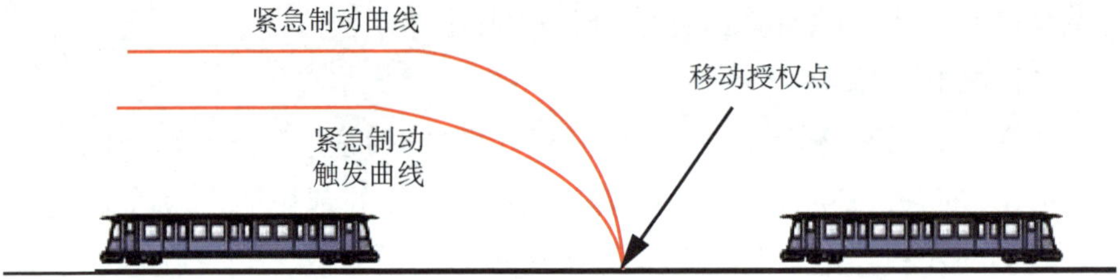

移动闭塞原理图

68 你知道乘客信息系统吗

我们身处于一个信息化高速发展的时代，借助先进的科技成果，个人和群体的工作生活品质得到前所未有的提高：我们平时可以通过个人终端，如手机、平板电脑等快捷地获取各种服务功能和最新资讯；企业也可以通过对海量数据的分析处理实现战略规划和方案调整等。

城市轨道交通也同样身处于这一时代浪潮之下，实现了许多过去无法想象的功能。乘客信息系统（Passenger Information System，PIS）正是地铁面向乘客的信息发布与服务系统。通过在出入口、站厅、站台、电梯和扶梯的上下端口、车厢内等乘客可视的空间设置显示终端，为乘客实时显示文字、图像等的列车到发信息，而且可为候车乘客提

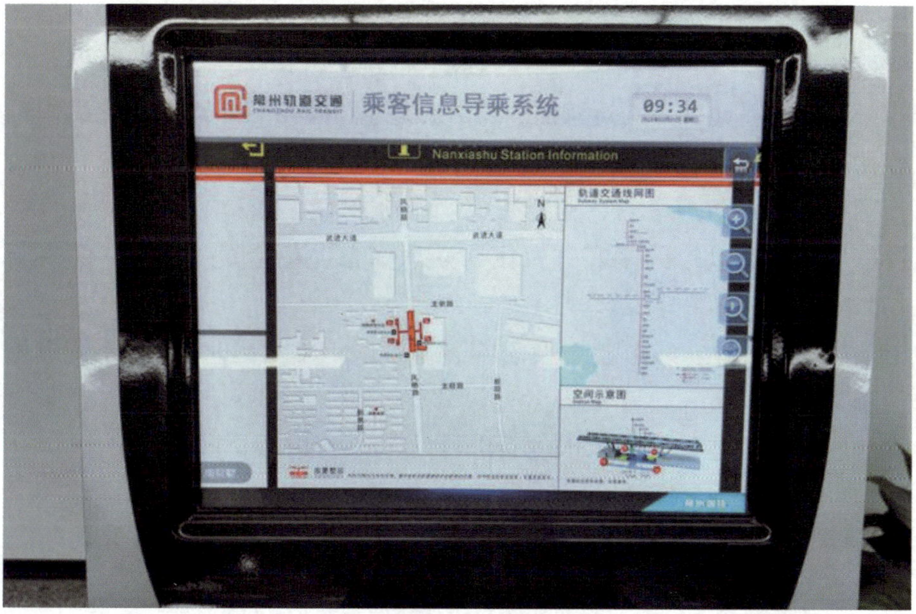

乘客信息导乘系统

北京地铁 6 号线上线“魔窗”

供新闻、广告等服务，让乘客及时、快速、准确地了解列车运营信息和公共媒体信息。

PIS 系统由中心级设备、车站级设备、车载设备和车地无线传输网络设备构成，我们日常乘车所看到的仅仅是车站级设备和车载设备中的一部分。在地铁正常运营时，PIS 系统通过车站和车载显示终端向乘客发布乘车须知、列车到发时间、换乘指引、运营安全、列车时刻表、管理者公告、政府公告、出行参考、股票信息、媒体新闻、赛事直播及广告等实时动态的多媒体资讯与娱乐信息，包括天气预报、时事新闻和电视节目等。

当地铁发生火灾、阻塞及恐怖袭击等非正常情况时，PIS 系统提供动态紧急疏散提示，车载设备通过移动宽带传输网传输实时或预录接收信息，同时在列车的 LCD 显示屏上进行音频和视频的播放。

69 你知道地铁设备不间断运行的秘密吗

我们已经了解到了城市轨道交通中通信系统、信号系统、综合监控系统、火灾自动报警系统、门禁系统、自动售检票系统和乘客信息系统等的基本功能和构成，它们都包含了大量的自动化机电设备，而且彼此之间还通过计算机、网络及自动化控制设备有机地结合在一起。如果这些设备电压不稳，或者直接断电了，危险可就大了！

要知道，城市轨道交通的电力来源于城市电网，电网中接有的全市各种各样的负载会对电网造成干扰和污染，影响负载的正常工作。因此供电设备的可靠性对于保证列车安全高效运营，为乘客提供高质量的服

城市电网

务非常重要。那么，地铁设备不间断稳定运行的秘密究竟是什么？

答案就在于地铁采用的不间断电源（Uninterruptible Power Supply，UPS）。UPS 是一种含有储能装置的不间断电源，主要用于给地铁内的用电设备提供高质量的、不间断电源，来保证设备正常工作。它的基本结构是一套将交流电变为直流电的整流器和充电器，以及把直流电再变为交流电的逆变器。电池在交流电正常供电时贮存能量且维持在一个正常的充电电压上，一旦市电供电中断时，蓄电池立即对逆变器供电以保证 UPS 电源交流输出电压。

目前应用在地铁中的各专业系统的 UPS 电源系统可采用独立配置、整合设置及两者相结合的设置方式，各机电系统采用的 UPS 电源又是以多种冗余备份的方式工作的，大大提高了可靠性。

UPS 及电池示意图

参考文献

[1] 魏晓东. 城市轨道交通自动化系统与技术 [M]. 第 2 版. 北京：电子工业出版社，2011.

[2] Metro 物语. 地铁：996 算什么，中国地铁线路几点“上下班”？(一) [EB/OL]. (2020–12–07). https://www.sohu.com/a/436834898_99949100.

[3] 最地铁. 10 个惊掉大牙的地铁冷知识，你听说过吗？[EB/OL]. (2019–01–29). https://www.sohu.com/a/292172197_803224.

[4] 武汉地铁运营. 科普小知识 | 地铁车辆如何动起来 [EB/OL]. (2019–11–05). https://www.sohu.com/a/351793710_803224.

[5] 张平. 坐地铁的人那么多，地铁到底赚钱吗？[EB/OL]. (2019–06–05). https://baijiahao.baidu.com/s?id=1635458560839905061&wfr=spider&for=pc.

[6] RT 轨道交通. 全国 30 城市地铁票价统计对比，看看哪个城市最实惠 [EB/OL]. (2017–12–15). https://www.sohu.com/a/210812979_656927.

[7] 曹刚. 地铁票居然也要“洗澡”？咋洗？消毒彻底吗？看完我就放心了 [EB/OL]. (2020–02c18). https://m.gmw.cn/baijia/2020–02/18/1300958557.html.

[8] 百度百科. 地铁安检 [DB/OL]. https://baike.baidu.com/item/%E5%9C%B0%E9%93%81%E5%AE%89%E6%A3%80/6403192?fr=aladdin.

[9] 姚毓盛，王洪涛. 揭秘地铁里的隐形司机 [EB/OL]. (2017–09–12). https://www.sohu.com/a/191517682_349556.

[10] 运营结束后 地铁列车会停到哪里呢？ [EB/OL].(2018–05–10). https://www.sohu.com/a/231306678_348924.

[11] 轨道交通与地下空间. 我们每天乘坐的地铁，原来是这样“体检”的 [EB/OL]. (2020–01–15). https://baijiahao.baidu.com/s?id=1655758182493931689&wfr=spider&for=pc.

[12] 戎嘉旎. 地铁无人驾驶，司机去哪了？[EB/OL]. (2021–03–04). https://baijiahao.baidu.com/s?id=1693296937280290764&wfr=spider&for=pc.

[13] 地铁探秘丨隧道内遇到紧急情况怎么办？最全的安全手册在这！[EB/OL]. (2018–06–12).https://www.sohu.com/a/235371763_480236.

[14] 辽宁咨询发布. 乘坐地铁遇到火灾怎么办？[EB/OL]. (2020–10–23). https://m.gmw.cn/

baijia/2020-10/23/1301712310.html.

[15] 直观学机械. 知道地铁为什么都不能 24 小时运营吗？现在告诉你 [EB/OL].(2020–01–14).https://www.sohu.com/a/366876644_722043.

[16] 极目新闻. 你知道地铁是如何运行吗？[EB/OL]. (2018–05–02). https://baijiahao.baidu.com/s?id=1599359492754442678&wfr=spider&for=pc.

[17] 城市地铁 & 综合网络. 你知道一辆地铁列车的寿命有多长吗？[EB/OL]. (2020–09–12). https://www.sohu.com/a/418429429_120436158.

[18] 爱旅行的青芒. 淘汰的地铁车厢，怎么处理？ 4 种用途，临时住宿“更安全”[EB/OL]. (2019–01–28). https://baijiahao.baidu.com/s?id=1623899174184144296&wfr=spider&for=pc.

[19] 南宁地铁生活圈. 科普 | 地铁是如何“补胎”的？[EB/OL]. (2017–11–10). https://www.sohu.com/a/203561602_394180.

[20] 为什么有时候地铁会不停站直接通过？[EB/OL]. https://www.zhihu.com/question/361206307/answer/952251239.

[21] 百度知道. 地铁是如何做到精确停靠的？[DB/OL]. (2017–12–26). https://zhidao.baidu.com/question/1309053583035340339.html.

[22] 百度经验. 遇到地铁停电怎么办 [DB/OL]. (2019–07–03). https://jingyan.baidu.com/article/c74d60003861924f6b595d5f.html.

[23] 大连地铁. 地铁车站突发大客流怎么办？[EB/OL]. (2016–12–25). https://www.sohu.com/a/122546749_349556.

[24] 王洪涛，姚毓盛，阚园园. 地铁车站显示屏上的列车到站时间是如何得出的？[EB/OL]. (2017–08–09). https://www.sohu.com/a/163429525_349556.

[25] 科普中国. 地铁有没有方向盘？咋拐弯？今天终于知道 [EB/OL]. (2021–10–26). https://www.sohu.com/a/497268850_120632607.

[26] 地铁空调……脏不脏？[EB/OL]. (2021–06–16). https://www.sohu.com/a/472410158_162758.

[27] 常州地铁. 地铁小百科 | “小蛮腰”，责任大 [EB/OL]. (2021–04–21). https://www.163.com/dy/article/G844J7O50518V6IQ.html.

[28] 王凡. 地铁知乎 | 什么？坐个地铁还被赶下车了?! [EB/OL]. (2021–02–24). https://

www.sohu.com/a/452413290_664673.

[29] 科普中国. 地铁也要遵循“红灯停、绿灯行”的交通规则吗 [EB/OL]. (2020–09–22). https://baijiahao.baidu.com/s?id=1678510544153707451&wfr=spider&for=pc.

[30] 广州地铁. 地铁里这几个位置千万不要倚靠，否则…… [EB/OL]. (2019–08–30). https://www.sohu.com/a/337596121_803224.

[31] 地铁那些事. 为什么地铁在有的路段噪音小 有的路段噪音大？ [EB/OL]. (2018–04–04). https://baijiahao.baidu.com/s?id=1596816259757778162&wfr=spider&for=pc.

[32] 深圳地铁. 车站控制室 | 大玻璃背后的秘密 [EB/OL]. (2017–05–07). https://www.sohu.com/a/138853641_258364.

[33] 地铁科普：早晚空跑列车真那么邪乎？ [EB/OL]. (2016–02–16). https://www.sohu.com/a/59137744_348924.

[34] 地下的叫地铁，地上的叫城铁，这种说法对吗？[EB/OL]. (2018–09–30). http://www.360doc.com/content/18/0930/21/276037_791047421.shtml.

[35] 壹深圳. 地铁站里碰上大雨怎么办？一起来看深圳地铁车站防汛措施 [EB/OL]. (2021–07–22). https://www.sztv.com.cn/ysz/zx/tj/78558193.shtml.

[36] 华为企业业务. 通勤路上的地铁中，手机为什么能上网呢？ [EB/OL]. (2017–07–07). https://www.sohu.com/a/155419342_99933868.

[37] 地铁空调为什么有时感觉过热 or 冷呢？ [EB/OL]. (2019–11–12). https://www.sohu.com/a/353201280_100083359.